JN418213

詩가 영화를 만나다

| **장헌권** 지음 |

쿰란출판사

추천의 글

"좋은 영화는 詩다"

하얗게 새운 밤이 / 고적한 새벽길 떠난다 //
어쩌지 못하는 너를 / 가슴에 담고 / 저미는 길 떠난다 //
아련한 추억 속으로 / 영혼이 울렁거리는 / 고독의 길 떠난다 //
쭈글쭈글해 버린 / 시간을 탓하면서 //
그리움을 더듬으며 / 아스라이 먼 길 떠난다.

— 장헌권 시 〈톨스토이의 마지막 인생〉

땅속에서 겨울잠을 자던 개구리들이 펄떡펄떡 뛰어나온다는 경칩을 지나, 잘 빗질된 듯한 햇볕이 따스하게 내리쬐는 이른 봄날이다. 평소 존경하는 장헌권 목사께서 두툼한 원고 보따리를 내게 내민다. 원고 내용은 한국 영화와 외국 영화 모두 79편에 붙여진 시와 산문 그리고 깔끔하게 준비된 관련 사진 자료가 그것이다.

《영화 치유 이야기》에 이어 펴내는 책이 《詩가 영화를 만나다》라고 말하는 장헌권 목사, 말수가 적은 그이지만 두 눈동자는 어느새 성글성글 빛나고 있다. 한마디로 나 또한 입이 딱 벌어질 수밖에 없다. 무려 98편의 영화를 다룬 《영화 치유 이야기》가 출간된 지 불과 3년밖에 안 되었는데 올봄에 또다시 80편에 가까운 새로운 영화 이야기의 책을 펴내게 되다니 놀라지 않을 수 없다.

장헌권 목사의 영화 이야기는 우선 지루하지 않고 재미있다. 뿐만 아니라 풍부한 교양과 자료, 주인공들에 대한 정보제공은 결코 그의 책이 가볍지만은 않다는 것을 확인시킨다. 그리고 무엇보다도 그의 영화 이야기 속에는 '시와 영혼' 이 함께 담겨서 출렁거린다. 마이클 호프먼 감독이 메가폰을 쥔 〈톨스토이의 마지막 인생〉에 붙인 시 경우도 장헌권 목사의 영화를 보는 안목과 시세계를 엿보게 하는 대목이다.

82세의 나이로 죽음을 앞둔 톨스토이가 아스타포보라는 조그마한 시골 기차역장의 집에서 숨을 거두는 모습을 장헌권 목사는 그의 시정신과 기독교 정신으로 아득하게 바라본다. "영혼이 울렁거리는 / 고독의 길 떠난다…… 그리움을 더듬으며 아스라이 먼 길 떠난다" 의 시구가 바로 그것을 말해 주고 있다. 아마 모르긴 몰라도 장헌권 목사는 "내가 아는 모든 것은 사랑하기 때문에 알게 된 것이다" 라고 말한 《전쟁과 평화》에서의 톨스토이를 그가 사랑하는 하나님 이상으로 사숙하고 있는지 모른다.

"영화는 이 시대의 새로운 문학이다. 삶의 이야기를 담백하게 담아내는 소중한 소통의 장이다. 영혼의 문법이다. 켄 가이어는 《영화묵상》에서 '가장 뜻밖의 장소에서 듣는 하나님의 음성' 이라고 했다. 영화는 영혼을 살리는 도구가 될 수가 있다."

한편으로는 영화로 마음을 치유할 수 있다고 영화의 힘을 믿는, 영화치유(cinema therapy)를 담담하게 말하고 있는 장헌권 목사. 이제는 한 차원을 넘어 영화를 문학으로 혹은 응축된 '시' 로 받아들이는 그의 영화 사랑은 너무도 순결하고 눈물겹다.

특히 이번에 펴내는 《詩가 영화를 만나다》 속에는 문자 그대로 영화 시(映畵詩) 79편이 영화 해설과 나란히 실려 있어 경이롭다. 예수님을 시인으로도 말하고 있는 장헌권 목사의 영화 이야기, 그의 영화 시는 그래서 더욱 진솔하고 아름다운 음악으로 들린다. 역시 그에게는 좋은 영화란 좋은 시에 다름 아닌 것 같다. 영화 〈일라이〉에 붙이는 시에서 그는 이렇게 노래한다. 전사 일라이는 진리의 세계를 담은 '점자성경'을 빼앗기지 않기 위해서 악의 세력과 싸우는데 그것이 그의 최고의 임무이다.

우중충한 세상에 / 너덜너덜해진 우주를 / 날밤 새며 / 목마름으로 걸어간다 // 닳고 해진 / 이야기를 먹으며 / 적막을 통곡하면서 / 서쪽으로 서쪽으로 // 책갈피에 묻어난 향기 마시며 / 흐트러진 가슴 펼치며 // 묵묵히 황금빛 모시고 / 울음 삼키며 / 올곧게 걸어간다.

목사로서, 시인으로서, 칼럼니스트로서, 영화평론가로서, 인권운동가로서, 사회운동가로서, 지역지킴이로서 활동하는 장헌권 목사! 나는 그의 목회활동과 신앙적 에너지와 영화 사랑을 더불어 느끼면서 '작은 다윗'을 연상한다. 지상에서도 하느님의 나라를 연출해드리고 싶어 바지런히 뛰어다니는 그에게 축복이 함께하기를 기도한다. 아울러 그의 《詩가 영화를 만나다》가 많은 사람들에게 '영혼의 시'로 다가서기를 빈다.

2011년 4월 10일

김준태(시인)

(조선대 문창과 초빙교수, 5 · 18기념재단 이사장)

축하의 글

영화는 현대인들에게 대량의 정보와 섬세한 감성을 제공해 준다. 미학, 문화, 이데올로기, 음악, 기호학, 미술, 철학, 역사, 정신분석학, 언어학, 문학, 사회적 심층구조, 사회적 영향, 관객의 수용미학 등이 한 편의 영화 속에 녹아들어 있는 것이다. 그래서 영화는 지식과 예술의 교차점에 서 있는 생명체요, 현대인들의 의사소통의 수단이자 이데올로기의 복합물이요, 사회 구조의 반영물이라고 할 수 있을 것이다. 또한 영화는 현실 재현적 매체로서 관객을 픽션의 세계로 안내하여 현실을 간접적으로 체험하게 하는 대리만족의 장이기도 하다.

이러한 영화를 한 편 한 편 직접 관람한 뒤 감상과 평론의 터를 마련하고, 여기에 시를 덧입히는 작업은 매우 고귀하다고 하겠다. 장헌권 시인은 이 의미 있는 작업을 몇 년 동안 성실히 수행해 왔다. 정말 아름다운 세월이라고 여겨진다.

장헌권 시인을 처음 대면했을 때가 떠오른다. 20여 명의 목사들로 이뤄진 한실문예창작 해돋이문학회에 키는 작지만 우주의 가슴과 눈빛을 가진 한 목사님이 걸어오더니 자신의 저서 《영화 치유 이야기》(쿰란출판사)를 한 권 선물해 주었다. 첫인상에서 풍기는 그의 온화함과 지성미와 겸허함이 은근히 마음을 끌었다. 야릇한 호기심에 그를 더 알아보고 싶어졌다.

우석대학교 국어국문학과를 졸업한 그는 호남신학교, 호남신학대학교 대학원(STM)을 거쳐 장로회신학대학교(목연)를 졸업하고, 현재 서정교회 담임목사로 재직 중이다. 수필가이자 영화 칼럼니스트인 그는 신문에 영화 평론을 연재하고 있다. '서정어린이집' 대표이기도 한 그는 광주기독교연합회(NCC) 인권위원장, 비상시국회 상임공동대표로 사회의 아픈 구석구석을 관찰하고, 감시하고, 보살피는 아름다운 삶을 꾸려 나가고 있다. 저서로 《돌로 인해 아름다워지는 개울 물소리》(방송칼럼집)와 《영화 치유 이야기》를 세상에 내놓아 독자들의 사랑을 받고 있기도 하다.

장헌권 시인과 더불어 시를 토론하고 창작 생활을 한 지 벌써 3년여 세월이 흘러간다. 뒤돌아볼수록 값진 시간과 소중한 추억으로 꽉 차 있어 기쁘고 행복하다.

그의 시는 시의 특질에 보다 가까이 다가가려고 노력하고 있다. 우선 군더더기를 없애는 데 심혈을 기울이고 있다. 그의 시 어느 한 군데도 쓸데없는 사족이나 진부한 표현이 없다. 너무 지나칠 정도로 정교하고도 정갈한 손질이 가해지고 있다.

또한 영화 속의 감동적인 장면이나 영화의 큰 줄기를 이루고 있는 주제를 시적 형상화로 꾸려 내는 솜씨가 좋다. 어떤 작품은 영화 전체를 상징하여 표출하기도 하고, 어떤 작품은 영화 중 어떤 한 장면의 감동을 형상화하여 감동을 이끌어내고 있다. 시만 읽어도 영화의 향기를 고스란히 맛볼 수 있도록 배려하고 있다.

그의 시들이 갖추고 있는 또 하나의 강점은 시상의 흐름이 자연스럽다는 것이다. 첫 연부터 마지막 연까지 막힘 없이 흘러가는 시상의 흐름이 마치 휴양지의 바람 소리 같다. 때로는 폭풍우처럼 몰아가는 바람 소리가 들리기도 하지만, 대부분 유연하게 시상의 흐름이 이어져 아름다운 시향을 느끼도록 해주고 있다.

또 하나, 그의 시에는 사물을 바라보는 새로운 시야, 새로운 각도, 새로운 해석이 도입되고 있음을 알 수 있다. 흔하지 않은 아주 산뜻한 표현으로 낯설게 하기를 시도함으로써 신선미와 상큼함이 살아 꿈틀대도록 해놓고 있다.

무엇보다도 영화의 향기를 이미지의 그릇에 담아내는 데 성공하고 있다는 점도 높은 점수를 줄 수 있을 것이다. 약간 거칠 때도 있지만, 대부분 선명한 이미지가 한 편 한 편의 시의 그릇 역할을 잘 감당해 내고 있어, 전체로 내려다보는 시의 완성도가 매우 높은 편이다. 여기에 리듬도 적절히 갖춰져 이미지를 무리 없이 떠받들고 있어 시의 수준을 한층 더 격상시키고 있다. 영화만 봐도 행복한데, 여기에 해설과 시까지 곁들여 놓으니 금상첨화라 아니할 수 없다. 이런 멋스런 일이 우리 주변에서 자주 일어나기를 소망해 본다.

시를 쓰며 살아가는 삶, 영화를 사랑하며 살아가는 삶, 영화와 시를 접목시키며 살아가는 삶, 여기에 시집을 발간하며 살아가는 삶, 이보다 더 좋은 삶이 또 있을까. 이왕 내친김에 이웃의 아픔을 내 몸같이 사랑하고 공감하는 시들도 많이 탄생시켜, 이를 제2시집으로 묶어서 대한민국 문학상과 노벨 문학상에 도전할 수 있게 된다면 좋겠다.

다시 한 번 장헌권 시인의 세 번째 저서이자 첫 번째 시집 발간을 축하하며, 부디 이 작품집이 많은 독자들의 지속적인 사랑을 받고, 나아가 세계 독자들에게도 널리 알려져 오래도록 기억되기를 또한 바란다.

2011년 4월 10일

한실문예창작 지도 교수 박덕은

(문학 박사, 시인, 소설가, 문학

축하의 글

장헌권

— 박덕은

서정시처럼
태어나

영화처럼
꿈꾸고

산안개처럼
세상을 감싸며

오늘도 지금을
알뜰히 꾸려가는

멋쟁이
시인 목회자

이해의 바다를
가슴 한켠에 끼고

유머의 들녘을
목에 두르고

포용의 하늘을
어깨에 짊어지고

진리의 오솔길을
골라 디디며

싱그럽게
걸어가는

그대
작은 거인.

글쓴이의 말

《영화묵상》, 《영화관에서 만나는 기독교 영성》, 《현대 영화의 렌즈를 통해 본 전도서》, 《예수와 함께 본 영화》, 《예수 영화 100년》, 《영화, 신학에 말을 걸다》, 《극장에 간 하나님》, 《영화 인문학》 등 영화에 관한 책만 해도 100권이 넘게 소장한 것 같다. 물론 정독은 못했다. 이처럼 영화는 세상과 소통을 원한다. 영화사회(cinematic society)다.

사람의 마음을 움직이는 것은 화려한 언변도, 논리적인 설득도 아니다. 그것은 '이야기' 라는 옷을 입은 '진실, 진심' 이다. 때론 어눌할지라도 당신만이 줄 수 있는 '이야기' 는 거리나 말의 벽을 넘어 그 사람의 가슴으로 스며든다.

영화 속의 사람 사는 이야기를 통해 하나님을 이야기하고 있다. 그리고 그 사이로 스며든 촉촉한 언어가 바로 시이며 영화다.

인생에는 백 마디의 말보다 한 편의 영화가 절실한 순간이 있다. 한 편의 영화는 한 편의 시이다.

시는 이미지다. 영화도 이미지를 가지고 독자에게 다가오는 것이다. 감정을 쏟아 붓지 말고 감정을 묘사하라는 것이다. 이처럼 시는 세상 사람들의 체험과 고통의 질곡을 담은 응축된 언어다. 단말마와 같은 감탄사다.

나는 영화와 시를 통해서 우리의 마음을 잔잔하게 다독이는 것을 확인하게 되었다.

영화 〈일 포스티노〉다. 시와 바다와 자전거가 있는 영화다. 칠레의 좌파 시인 파블로 네루다가 고국에서 추방당한다. 나폴리의 평화롭고 아름다운 섬에서 가난한 우편 배달부 마리오는 시인을 세상과 소통하게 만든다. 사랑을 하게 되면 시인이 된다고 한다. 어부의 아들로 태어나 우체부로, 그리고 시인을 꿈꾸는 청년으로 정신적인 성장을 이루어 간다. 그것은 바로 네루다의 시를 읽으면서부터다. 우체부 마리오는 베아트리체라는 여성을 사랑하게 된다. 결국 아내로 맞이하게 되며, 마리오는 군중 집회에서 시 낭송에 초청될만큼 인정받는 시인으로, 사회주의자로 변신을 하게 된다.

영화 〈시〉다. 이창동 감독의 〈시〉는 시 수업이다. 김용택 시인이 시에 대해 말하길 "사물을 자세히 봐라. 그래야 시가 떠오른다. 시라는 게 멀리 있지 않고 우리 주변에 있다"라고 한 것이다. 이처럼 사물을 직시하면서 시상이 떠오를 때마다 메모를 해야 한다는 것이다. 그래서 주인공 미자(윤정희)는 가방에 필기도구와 수첩을 가지고 다닌다. 하지만 미자의 환경은 버겁기만 하다. 자살한 여중생이 죽기 전에 미자의 손자를 비롯한 몇몇의 남학생들에게 성폭행당한 사실을 알게 된 것이다.

시 수업으로 소녀처럼 설렌 것은 잠깐이다. 그동안 생각한 세상이 결코 아름다운 것은 아니라는 것을 알면서도 그녀는 시를 쓰기 위해서 노력한다. 바로 시는 삶인 것이다. 그리고 인생 수업이다.

예수님은 시인이시다. 산상설교를 보면 그것은 설교가 아니라 시이다. 시는 영어로 'Poetry' 다. 이 말의 원어인 그리스어는 '행동한다, 만든다' 라는 두 가지 뜻을 가지고 있다. 하나님의 걸작품이다(엡 2:10). '만드신 바' 란 말은 그리스어로 '포이에마' 다. 이는 '작품, 창조' 의 뜻을 가지는데, 하나님의 창조 사역을 가리키는 데만 사용되는 용어다. 로마서 1장 20절에서도 이 단어를 사용한다. 시인 되신 하나님께서 인간을 걸작품 시인으로 만드셨다는 의미다. 인간만이 시를 쓸 수 있다는 것이다.

설교 역시 이미지이며 시이다. 그리고 한 편의 영화다. 이야기인 것이다. '이야기식 설교', '이야기식 성경공부', '이야기식 설교 구성'이 필요하다. 바로 이것이 현대인들의 팍팍해진 마음을 어루만져 줄 수 있는 시와 영화 이야기가 존재하는 이유다. 나는 꿈꾸며 기도한다. 일곱 가지 무지개 색깔(빨, 주, 노, 초, 파, 남, 보)의 영화 이야기를 해보겠다고.

① 영화 치유 이야기 (출간)

② 詩가 영화를 만나다(시와 영화 이야기) (출간)

③ 리더십 영화 이야기

④ 여성 영화 이야기

⑤ 종교 영화 이야기

⑥ 역사와 인권 영화 이야기

⑦ 인문학과 예술 영화 이야기

마지막으로 '고.미.사' 인사다. 고맙습니다. 미안합니다. 사랑합니다. 그동안 영화에 대한 글을 쓸 수 있도록 신문지면을 허락하신 〈목회자 신문〉 대표 김철종 목사님, 〈호남 기독교 신문〉 발행인 장성길 목사님께 감사를 드린다. 특별히 책을 출판할 수 있도록 후원해 주신 장헌일 장로님(대한민국 국가조찬기도회 사무총장)을 비롯한 가족(모덕, 민중, 민주, 김복례 권사, 장헌진 목사, 장헌숙 권사, 장헌길 님) 모든 분들께도 감사한다. 또한 시 수업을 안내해 주신 정종득 목사님(큰사랑교회)과 시인의 길을 열어 주신 박덕은 교수님께 특별한 감사의 마음을 전한다. 한결같이 살갑고 따스한 분이다. 탁월한 시 수업으로 지성과 감성을 넘나드는 분이다. 시의 본질을 이미지를 통해서 보여 주신다. 아름다운 시와 글을 선물로 주신 것을 잊을 수 없다.

타인의 아픔에 공감으로 살아가는 광주의 시인이신 김준태 교수님의 추천은 남다른 의미가 있다. 늘 주는 것을 즐기시는 분이다. 시인께서 소장하고 계신 유일한 시집 《나는 하느님을 보았다》(김준태 제2시집)를 나에게 선물로 주신 분이다. 만날 때마다 아낌없이 주시는 큰 나무이시다. 백두산과 한라산을 가슴에 품고 통일을 노래하는 민족시인이다. 광주의 망가진 5월을 치유하기 위해 5 · 18재단 이사장으로 취임한 직후에 동분서주하면서도 쾌히 추천의 글을 써주신 것이 은총이다.

시 공부를 함께한 해돋이 목사님(임종준 · 김영욱 · 박완규 · 정종득 · 윤상현 · 서영식 · 박재표 · 허소영 · 조점화 · 손인숙 · 이인덕 · 최미란 목사님, 권자현 · 이선옥 사모님), 그리고 한실문창, 특히 둥그런 모든 문우들께도 사랑의 빚을 지고 있다. 지난 몇 년 동안 '금요 스크린', '시네마 콜렉션'을 함께 진행했던 한선미(ann) 자매님께도 마음의 고마움을 전한다. 지금도 가끔씩 영화관람표를 선물로 주는 이석범(CBS PD) 님도 기억나는 고마운 사람이다. 한 달에 한 번씩 영화 포럼을 진행하신 김현숙(마리효임) 수녀님, 그리고 지금도 영화모임을 인도하는 이 아네스 수녀님(성 바오로 딸)과 함께하는 자매님들께도 감사를 드린다.

쿰란출판사 이형규 장로님, 오완 자매님을 비롯한 교정과 마음에 울림을 주는 표지를 만들어 주신 쿰란 가족 모든 분들께도 마음으로 인사를 드린다.

지금까지 에벤에셀(여기까지 도우셨다), 임마누엘(지금 우리와 함께 계신다), 여호와 이레(준비해 두셨다)를 늘 생각하면서 사역에 함께하는 서정공동체(김만수, 이희한 장로를 비롯한 모든 성도들께)에 사랑을 전하며 시와 영화가 함께하는 하나님께 영광을 돌린다.

2011년 4월 24일 부활절 주일
서정교회 목사 위임식 날에
장헌권 목사

서시

극장에서

잔잔한 선율
시리도록
다가온다

구석구석
헤치고 들어온
짜릿짜릿한
황홀함

호올로 앉아
으스러지도록
가슴을 울린다.

서시

탕자의 귀환

무릎 꿇어
야윈 생각 시린 목소리로
허리춤의 꺼드럭거린 세월
다 내려놓네

맏형의
핏발 선 눈초리는
출렁거리고
생각 조각들이
일그러져
궁시렁거리네

아비는
하얀 밤 친친 동여맨
아린 기다림을
가는 눈 촉촉이 적셔

굽은 허리로
까칠하고 얇은 손으로
다독거리네.

제1부 한국 영화

영화 시

제2부 외국 영화

영화 시

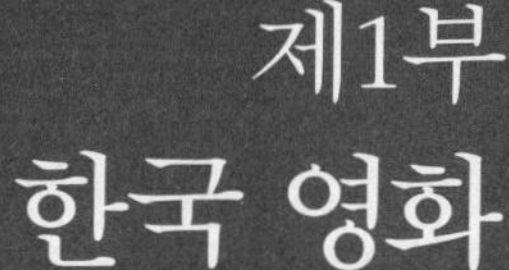

제1부
한국 영화

"또 너냐?
다음엔 죽는다!"
"지발 잡히지 마라!
너는 내가 잡을거여"
빠른놈위에 질긴놈-
거북이 달리다
김윤석 정경호 선우선 견미리 이연우
6월 대개봉!

'거북이 달린다'

쫀심 하나로
촌티 난
가슴 매만지며
"다녀올게유"

시큰한 세상
울컥이며
"그냥 냅둬유"

온몸으로
어딜 못 가랴
"싸게싸게 와유."

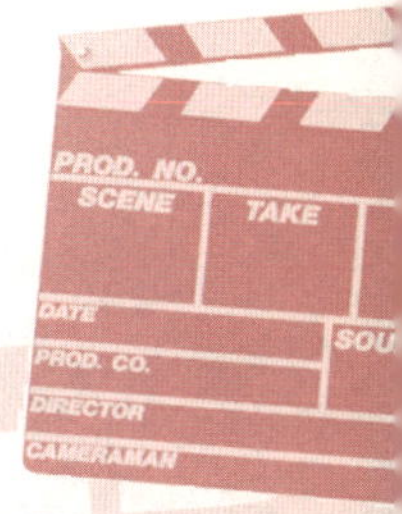

거북이 달린다

• **감독** 이연우 **출연** 김윤석, 정경호, 선우선 **상영시간** 117분 **등급** 15세 관람가 •

토끼와 거북이 동화를 알고 있다. 거북이가 토끼를 이기게 되어 있다. 하지만 토끼가 눈치가 있어서 긴장하고 깨어 있다. 그래서 거북이가 토끼를 이길 수 없다. 그런데 거북이가 토끼를 이기는 방법이 있다. 장소를 바꾸면 된다. 바다에서 한번 달리기를 해보는 것이다. 토끼는 죽어도 거북이를 따를 수 없다. 패러다임 전환이다.

충청남도 예산에 한 형사가 있다. 조필성(김윤석)이다. 강력계 형사로서 큰 야망이 있는 것 같지는 않다. 집에서는 공처가다. 밖에 나가면 그저 그렇다. 어쩌다 피의자를 심문하다가 피의자가 심장마비 쇼크로 쓰러지자 과잉 심문이라는 명목으로 3개월 정직을 당한다. 남우주연상 6관왕 수상의 국민배우 김윤석이다. 〈추격자〉의 '중호' 역으로 남우주연상 6관왕을 휩쓴 그가 시골 형사 조필성을 통해 깊은 내공의 연기를 보여 준다.

변변한 사건이 없는 예산 경찰관들에게 지금 가장 중요한 일은 소싸움 대회를 잘 유치하는 것이다. 소에 대한 정보를 들은 조 형사는 아내 몰래 통장에서 돈을 빼내 친구 용배를 시켜 돈을 걸게 한다. 원금의 6배라는 거금을 딸 수 있다는 것이다. 그게 대박이 나서 큰 돈 1,800만 원을 쥐려고 하는 순간에 모든 꿈은 사라지고 그때부터 새로운 인생이 시작된다. 바로 거북이 인생이다. 유명한 탈주범 송기태(정경호)가 나타나 그 돈을 탈취한 뒤 사라진다. 전국을 떠들썩하게 한 희대의 탈주범. 전국을 농락한 신출귀몰이다. 자신이 나타났다는 사실을 알지도 믿지도 않는 시골에서 뜻밖에 적수를 만나게 된 것이다. 강렬한 매력으로 돌아온 배우 정경호다. 드라마와 영화에서 다양한 캐릭터를 소화해 온 그가 이번에는 희대의 탈주범 역으로 한층 강렬하게 남성다움을 선보인 것이다.

이제 느긋한 시골 형사 조필성은 탈주범을 잡기 위해 모든 것을 걸었다. 자존심 구긴 시골 형사 대 호적수를 만난 탈주범과의 대결이다. 잡힐 듯 말 듯 하지만 잘 안 된다. 한마디로 빠른 놈 위에 질긴 놈이다. 아슬아슬한 순간들이다. 다 잡아 놓고도 놓친다. 거북이 마음이다. 촌스럽고 느리지만 그래도 거기서 정성과 끈질긴 영성을 확인한다. 형사 조필성은 늘어진 티셔츠와 후줄근한 청바지, 늘 딸에게 훈계를 듣고 아내에게 맞고 속옷바람으로 집에서 쫓겨나기도 하는 한심하고 어수룩한 시골 형사 캐릭터다. 거기에 풀벌레 소리, 개구리 소리, 풀 냄새, 달빛, 가로등이 전혀 켜져 있지 않은 동네, 어둑어둑한 시골길이 이 영화의 색깔이다. 불타는 몸싸움과 멋진 총 대신 느린 몸집과 허술한 가스총이 등장한다. 충청도 사내들의 느린 우정을 과시하는 장면이 유머러스하다. 반면 탈주범 송기태는 너무 멋지다. 속도가 있다. 영악하다. 바로 현대인들의 모습이다.

안젤름 그륀 신부의 《아래로부터의 영성》이라는 책이 있다. 하나님을 만나기 위한 길이 두 가지 있다. 위로부터의 영성은 위를 추구하는 영성을 의미한다. 성령 충만, 능력 충만, 은혜 충만의 구호들 속에서 벅찬 신앙의 목표를 이루기 위해 많은 경우 가정과 개인생활을 양보하거나 포기해야 한다. 자신의 힘으로 하나님께 도달할 수 있다는 것이다. 아래로부터의 영성은 우리의 생각과 느낌들, 상처와 나약함, 격정과 분노 등이 절망시키는 것이 아니라 오히려 하나님의 은총으로 이끌어 주는 것이다. 거북이처럼 느린 남자, 자존심은 나뒹굴고 수렁에 빠져 허우적거리는 조 형사가 바로 아래로부터의 영성이다. 느긋한 한량 형사이지만 그 안에는 인내와 함께 삶의 진한 향기가 배어 있다. 오늘도 느림의 영성으로 거북이는 달린다. 한국 교회여, 아래로부터의 영성을 추구하라.

구르는 법서만 달처럼
〈왕의 남자〉 이준익 감독 작품
황정민
차승원
한지혜
백성현

'구르믈 버서난 달처럼'

뜬구름처럼 흩날리는
몸서리치는 살내음 솟는

속울음 삼키며
치렁치렁 휘감은
욕망의 불꽃

칼춤으로 너 나 없이
허우적거리다가

지글거리는 가슴으로
꿈 같은 바람을
베어 버린다.

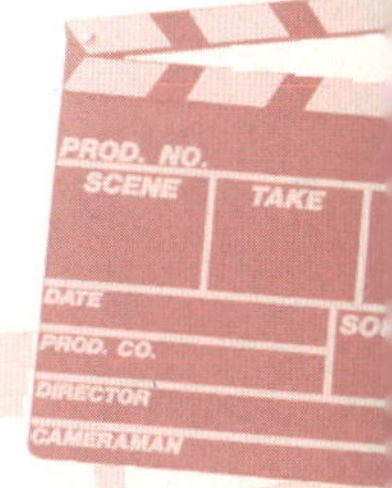

구르믈 버서난 달처럼

• **감독** 이준익 **출연** 황정민, 차승원, 한지혜 **상영시간** 111분 **등급** 15세 관람가 •

〈왕의 남자〉 이준익 감독은 사극의 왕이다. 〈황산벌〉, 〈라디오 스타〉, 〈즐거운 인생〉, 〈님은 먼 곳에〉 등을 통해서 한국이 사랑하는 사극의 왕이라고 불리고 있다. 박홍용 만화 《구르믈 버서난 달처럼》은 이 감독의 눈에 비껴갈 수 없는 작품이다. 그동안 이 감독은 〈황산벌〉, 〈왕의 남자〉를 통해서 수평사회를 꿈꾸었다. 견자(개새끼)라고 놀림받던 서자가 용상에 앉을 수 있을까? 이것이 〈구르믈 버서난 달처럼〉에서 던진 화두다. 그의 담론은 수평사회를 꿈꾸는 인간이다. 승자 독식의 탐욕의 시대에 그는 수평사회를 말하고 싶은 것이다. 지금 우리 한국사회는 실용과 잘살기라는 천박한 자본논리가 낳은 극도의 수직사회다. 정치는 부정하고 세상은 부조리하다. 그래서 민초들은 스스로의 힘으로 계급사회의 모순을 돌파하는 꿈을 꾼다.

영화의 무대는 임진왜란이 코앞에 닥친 1592년 직전의 조선. 맹인 검객 황정학(황정민)은 허름한 행색과 능청스러운 농담 뒤에 뛰어난 무술 실력을 감춘 검객이다. 야심가 이몽학(차승원)은 왕이 되고자 방해가 되는 인물은 모조리 베어 버리는 조선 최고의 검객이다. 이 둘은 수평적인 평등한 세상을 꿈꾼다. 그들은 '대동계'를 만들어 왜구와 싸우려 한다. 하지만 조정은 이들을 역모로 몰아세운다. 이처럼 전쟁의 기운이 숨통을 조여오는 가운데 민초들의 삶은 피폐해져만 간다.

선조 25년 썩어 빠진 세상을 뒤엎고 스스로 왕이 되려는 반란군 이몽학은 자신의 야망을 위해서라면 수단과 방법을 가리지 않고 친구든지 오랜 연인

백지(한지혜)든지 여지없이 버리는 인간이다. 백지는 조선 최고의 기생이다. 세상을 자신의 치마폭에 파묻고 조롱하지만 마음 속에는 순정을 간직한 기생이다. 자신을 버린 이몽학을 잊지 못해 모든 것을 버리고 그를 찾아 험난한 여정을 시작한다.

이몽학은 반란군 무리를 이끌고 궁으로 향한다. 한때는 동료였지만 이몽학의 칼에 친구를 잃은 전설의 맹인 검객 황정학은 이몽학을 쫓기로 결심한다. 이몽학에 의해 가족 모두가 살해된 권력가의 서자 견자(백성현)는 이몽학에게 복수를 하기 위해 황정학과 동행한다. 15만 왜구의 침입으로 왕조차 궁을 떠난 절체절명의 순간, 텅 빈 궁에서 마주친 이들은 운명을 건 마지막 대결을 벌인다.

결국 아무도 그 꿈을 이루는 자가 없다. 감독은 헛된 꿈을 갖지 말라고 말한다. 주요 인물들 모두 자신의 꿈을 밀어붙인다. 결국 파국이다. 한 번 태어난 이상 옳든 그르든 그 꿈을 증명하기 위해 끝까지 가본 인간은 아름답다. 단 극중 대사처럼 '내 꿈이 소중하면 남의 꿈도 소중한 줄 알아야지. 오른쪽 날개가 왼쪽 비난하고 왼쪽 날개가 오른쪽 인정하지 않으면 새가 나는가.'

나는 복음이라는 상품을 싸구려로 파는 번영신학의 바알과 맘몬의 설교자들을 생각한다. 교회 성장이라면 세속적인 복을 무조건 전하고 거짓된 평화를 전한다. 현실을 정확하게 읽으면서 예언자적 병을 앓은 예레미야처럼 돌아오지 않으면 포로로 잡혀간다는 사실 그대로를 전해야 한다. 물론 소망과 함께다. 그 소망은 포장된 거짓된 소망이 아니라 말씀의 현존이다.

이 영화는 사회적 코드로 읽도록 장치되어 있다. 미학으로만 사고하면 영화는 사회에서 격리된다. 후진국은 정치권력, 중진국은 경제권력, 선진국은 문화권력이 세다. 지금 우리는 어디에 있는가? 삽질경제 때문에 어머니의 젖가슴 같은 강이 난도질당하는 야만국가는 아닌가.

이 감독 작품에는 영웅 만들기가 없는 것이 특징이다. 이 시대에 진정한 영웅은 없다. 우리 모두가 왕 같은 제사장이다.

문공부등록 제70호
주식회사 라이프 프로덕선
서울·동대문구 답십리동 492-1 원흥빌딩
TEL. (代)213-0331, 213-0332~3

36회「베를린」국제영화제 출품작

〈完全同時綠音〉

길소뜸

GILSODOM

감독/임권택
申星一
金芝美

'길소뜸'

길가에 널브러진
꿈길이 피울음으로
굳어 버린 세월

옹이 맺힌 가슴들처럼
시린 껍질 뚫고
광장으로

그리움 한 보따리
풀어
설운 소리 쏟아내며

후끈히 잡은 따스한 마음들
울컥 사무치는 숨결들
통 큰 사람의 생명들

하나로
포개지며
한누리로.

길소뜸

• **감독** 임권택 **출연** 김지미, 신성일, 한지일, 김지영 **상영시간** 105분 **등급** 12세 관람가 •

3월부터 시작하여 8월까지는 세 자리로 불리는 역사적 사건들이 있다. 3 · 1, 4 · 19, 5 · 18, 6 · 10, 8 · 15 등 해마다 미완의 날로 돌아온다. 미해결의 날이다. 민족의 자주와 주체성을 갖지 못한 채 짓밟힌 고난의 가시밭길을 걸었기 때문이다.

사상과 이념을 따지지 않고 모두가 조국의 해방을 기뻐했다. 손에 손에 깃발을 들고 거리로 나왔다. 해방과 민족의 발전을 노래했다.

분단 최초로 남북 정상이 만나 6 · 15 남북 공동선언을 발표했다. 하지만 갈수록 통일의 길은 멀기만 한 것 같다. 이후로 10 · 4 선언을 했다. 그러나 현 정부는 모든 통일의 바퀴를 뒤로 돌리고 있다. 그러나 성경은 말한다. "내 손 안에서 하나가 되리라"는 것이다. 통일은 통 큰 사람이 한다. 바로 주님이시다. 우리 모두가 그분처럼 통 큰 마음으로 살 때 가능한 것이다.

분단의 아픔은 바로 이산가족의 고통이다. 한반도의 비극을 되돌아볼 수 있는 한 편의 영화가 있다. 〈길소뜸〉이다. 이산가족운동이 한창이던 1983년 여름, 남편의 권유로 아들을 찾아 나선 화영(김지미)은 회상에 젖는다.

해방을 맞아 가족과 함께 길소뜸으로 이사를 한다. 그녀는 거기서 고아가 되고, 아버지의 친구가 된 김씨의 아들 동진(신성일)과 사랑에 빠진 일 등을 떠올린다. 여의도 '만남의 광장'에서 뜻밖에도 다른 여자와 결혼한 몸인데도 자기를 기다리는 동진을 만나게 된다. 그와 함께 자기가 낳은 아들 석철을 찾은 화영은 만나자마자 그가 자기 아들이라는 것을 직감적으로 알게 된다. 하지만 자식 둘을 낳고 아내와 밑바닥 생활을 하고 있는 모습이 실망으로 다가온다. 기대하던 그런 자식이 아니다. 교양 없고 막돼먹은 자식이다. 혈액 감정(법의학)으로 친자식이라는 사실이 판명되었다. 그러나 자식을 포기하고 돌아선다.

차 안에서 눈물을 흘리면서 설사 친자식이 아니더라도 돌보아 주는 것이 인간의 도리임을 생각할 때 가슴이 아프기만 하다.

〈길소뜸〉은 임권택 감독 작품이다. 1985년 대종상, 우수작품상을 수상했다. 분단의 아픔과 상처를 확인할 수 있다. 또한 인간의 이기심을 볼 수 있는 영화이기도 하다. 그러나 주님은 말씀하신다.

"여인이 어찌 그 젖 먹는 자식을 잊겠으며 자기 태에서 난 아들을 긍휼히 여기지 않겠느냐 그들은 혹시 잊을지라도 나는 너를 잊지 아니할 것이라 내가 너를 내 손바닥에 새겼고 너의 성벽이 항상 내 앞에 있나니"(사 49:15-16).

분단의 아픔이 이제 평화협정으로 통일된 한민족을 생각해 보는 영화다.

제9회 전주국제영화제 공식초청작
JEONJU INTERNATIONAL FILM FESTIVAL
당당하고 쿨한 그녀의 목소리
나의 마음은 지지 않았다
일본을 호통치다,
일본을 감동시킨
조선인 위안부 송신도의
뜨거운 10년의 기록
2009년 2월 26일, 세상에서 가장 씩씩한 할머니가 옵니다!
감독 안해룡 재일위안부 재판을 지원하는 모임 배급 인디스토리 시네마달
2008년 하반기 아트플러스 시네마네트워크 개봉지원작
http://blog.naver.com/songsindo

'나의 마음은 지지 않았다'

끌려간 세월에
찢어진 마음 섞어
"바보 같은 전쟁
두 번 다시 하지 마라"
카랑
카랑

수렁에 빠진 자존심이
허우적대는 우주에게
"나는 절대
사람을 믿지 않아"
우렁
우렁

긴 한숨 몰아쉬며
억장 가슴 시퍼렇게
"재판은 졌지만
내 마음은 지지 않아"
쩌렁
쩌렁.

나의 마음은 지지 않았다

• **감독** 안해룡 **출연** 송신도 할머니 **상영시간** 95분 **내레이션** 문소리 **등급** 12세 관람가 •

당당하고 쿨한, 세상에서 가장 씩씩한 할머니를 만날 수 있는 희망 다큐멘터리다. 일본을 호통치며 일본을 감동시킨 조선인 위안부 송신도 할머니의 뜨거운 10년의 기록이다. "재판에 졌지만 내 마음은 지지 않아"라고 외치는 할머니와 지원 모임 사람들이 함께 쌓아 올린 뜨거운 감동의 10년이다.

송신도 할머니는 격렬한 성격, 날카롭고 거침없는 입담을 가진 낙천적인 분이다. 뛰어난 통찰력을 지닌 할머니는 알고 보면 농담과 유머가 있다. 잘 웃고 화도 잘낸다. 7년간의 위안부 생활을 한 할머니는 일본을 상대로 재판을 하겠다는 것이다. 할머니의 의사에 따라 재판은 물론 재판 지원 같은 것을 해본 적도 없는 시민들이 모였다. 3무 원칙이다. 대표도 두지 않고, 사무실도 없고, 상근 직원도 두지 않는 원칙에 따라 결성되고 이후 10년간의 재판을 할머니와 함께한다.

영화는 일본군 위안부 문제 해결을 위해 일본 정부와 10년 넘게 법정투쟁을 하고 있는 송신도 할머니의 재판과정을 담고 있다. 거기에 재판을 지원하며 함께 싸우는 '재일 위안부 재판을 지원하는 모임' 사람들과의 관계에 중점을 두고 만든 영화다. 그래서 영화는 피해자의 슬픔만을 보여 주는 차원을 넘어섰다.

송신도 할머니는 외친다. 아니, 호통을 친다. "바보 같은 전쟁은 두 번 다시 하지 마라"는 할머니의 외침은 단순히 7년간 위안부 생활의 피해자로서의 호소가 아닌 모든 이들의 평화를 위한 것이다. 이것은 위안부 문제를 다뤘던 기존의 다큐에서 보여 줬던 희생자들의 아픔에 대한 동조다. 일본에 대한 분노의 감정을 넘어서는 감동이다.

억지로 감정을 들썩이는 신파보다는 진솔한 인생 이야기다. 그래서 진한 감동과 여운을 남긴다. 피해자로서 위안부의 비극과 고통을 호소하는 대신 개성 강한 언어와 특유의 유머를 통해서 생존자의 의미를 증언해 잔잔한 감동을 남겼다.

광주에 온 안해룡 감독을 만나 나는 여러 이야기를 나눌 수 있었다. 안 감독은 이 영화에서 '피해자' 보다 '관계성' 에 주목한 것이다. 단순히 위안부의 비극을 폭로하는 것을 넘어 함께 싸웠던 사람들과의 연대에 포커스를 맞췄다. 함께 울고 웃으며 보듬고 다독인 연대의 과정이다.

육체적 · 정신적 상처를 안고 있는 한 여성이 재판과정을 통해 응어리진 진실을 세상에 토해 내며 자신의 상처를 치유하는 것이다. 그 과정이 단순히 개인적으로 끝나는 것이 아니라 감동을 준다. '재판에서는 졌지만 내 마음은 결코 지지 않았다' 는 것이다. 이처럼 할머니의 선언과 웃음은 패배의 순간을 오히려 승리의 역사로 바꾸었다. 특히 '절대로 전쟁은 다시 해서는 안 된다' 는 할머니의 메시지는 위안부의 문제를 넘어 반전과 평화의 메시지다.

안 감독은 "송신도 할머니가 재판을 통해 세상과 소통하고 인간성을 회복해 가는 과정을 영화 속에서 담담하게 그려내고 싶었다. 송신도 할머니만의 이야기가 아닌 헌신적으로 재판을 지원해 온 지원 모임 구성원들의 이야기를 함께 담아내고 싶었다" 고 말한다. 그는 10여 년 이상 사할린 잔류 조선인, 일본군에 의한 강제 연행자, 노동자, 일본군 위안부 등 재외동포의 삶을 영상 매체로 기록해 온 저널리스트다. "이미지가 지닌 현장성이 좋다" 는 것이다. "남들이 관심 갖지 않은 조금은 소외된 이야기에 귀기울이고 집중하고 싶다. 하나만 추구하기보다는 가능하면 여러 가지를 해보고 싶다" 고 말한다.

한국교회 역시 아직 알려지지 않은 그늘지고 소외된 현장 속에서 복음을 실천하는 가장 씩씩한 할머니처럼 씩씩한 교회가 되어야 한다.

말할 수도
움직일 수도 없는
그가 나를 울립니다
2009 감동 휴먼스토리
내사랑 내곁에
김명민 하지원
〈너는 내 운명〉〈그놈 목소리〉 박진표 감독

'내 사랑 내 곁에'

멀쩡한 의식에
비틀어져 가는 살덩어리가
젖은 눈빛을 마시며
먹먹해진 가슴

외로움 움켜쥐고
말할 수도
움직일 수도 없지만

저문 시간에
서로의 뺨 부비어
쭈그러진 세월
다독거리며 하얗게
그리움 태운다

흔들리는 바람에
맨살의 영혼으로
하늘 아래 입맞춤하며.

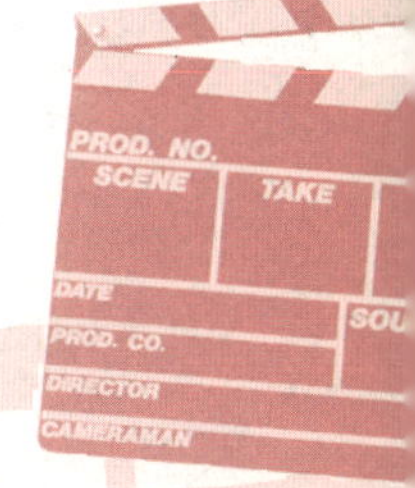

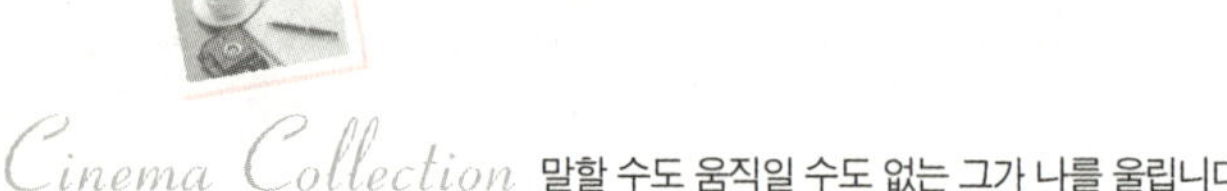

Cinema Collection 말할 수도 움직일 수도 없는 그가 나를 울립니다

내 사랑 내 곁에

• **감독** 박진표 **출연** 김명민, 하지원, 가인 **상영시간** 121분 **등급** 12세 관람가 •

근육이 서서히 마비되기 시작한다. 나중엔 호흡에 필요한 근육까지 굳어져 인공호흡기 없이는 사망하는 불치병이다. 의식과 감각은 멀쩡히 살아 있는데 육체는 죽어 간다. 식물인간과는 반대다. 세상에서 가장 잔인한 병이다.

정의로운 변호사를 꿈꾸며 법학을 공부하다가 어느 날 갑자기 루게릭 병에 걸린다. 그러나 기적이 일어날 거라 믿고 희망을 잃지 않는다. 투병 중이지만 백종우(김명민)는 사랑도, 고시공부도 포기하지 않는 긍정적인 남자다. 유일한 혈육인 어머니마저 세상을 떠난다. 장례식장에서 어린 시절 한 동네에서 자란 여자를 만난다. 이지수(하지원)다. 그녀는 당차고 씩씩한 장례지도사다. 세상에서 가장 예쁜 손이다. 직업상 늘 죽음을 대하기 때문에 종우의 병을 알면서도 스스럼없이 선택한 운명적인 만남이다. 한때 좋아하는 감정을 가졌던 두 사람은 서로의 상처를 보듬어 줄 것이라는 희망에 다시 사랑을 시작한 것이다. 종우는 루게릭 병이 얼마나 심각하게 깊어 가는지 가늠하지 못한다. 오랜만에 만난 이들은 국화꽃을 내밀 때만 해도 사랑이 고통을 구할 수 있을 것 같았다. 결국 둘은 사랑에 빠지고 1년 후 단둘이 결혼식을 올린다.

두 사람의 신혼 보금자리는 바로 병원 입원실이다. 전신마비나 식물인간 상태의 중환자들이 모인 6인실이다. 고통스러운 삶의 현장이다. 교통사고로 혼수상태인 아내를 지극 정성으로 돌보는 남편, 병원 허드렛일을 하며 식물인간 남편 곁을 9년간 지켜온 아내, 사고로 전신마비가 된 피겨 선수 진희와 그녀의 엄마, 병원과 회사를 오가며 형을 뒷바라지하는 동생. 그곳은 뜨거운 사랑이 진하게 묻어 있는 곳이다. 비슷한 아픔을 지닌 사람들이 식구들처럼 서로 격려하고 위로한다.

그러나 종우의 상태는 점점 더 나빠진다. 그럴수록 늘 곁을 지켜 주는 사랑스러운 아내가 있어 어느 때보다 행복하고, 누구보다 투병의지가 강하다. 하지만 하루하루 변해 가는 자신의 몸을 지켜보는 게 점점 두려워지고 마침내 그토록 피하고 싶었던 언어장애가 시작된다.

박진표 감독의 네 번째 장편 〈내 사랑 내 곁에〉는 전작들과는 다르다. 실제 노인 커플을 출연시킨 〈죽어도 좋아〉, 에이즈에 걸린 여성과 농촌 총각의 러브 스토리인 〈너는 내 운명〉, 이형호 군 유괴사건을 극화한 〈그놈 목소리〉까지 그는 실화를 매개 삼아 사회적 반향이 강한 메시지를 던져 왔다. 하지만 〈내 사랑 내 곁에〉는 실화를 바탕으로 하지 않았다. 실화에 대한 강박관념을 버리고 싶었다. 우리 삶이 영화 같은 게 사실이다.

감독은 두 사람의 관계가 천당과 지옥을 오가는 사이에 죽음이라는 문제를 처음부터 끄집어내는 정면승부를 펼친다. 자신이 죽어 가는 모습을 또렷한 정신으로 바라보는 종우의 고통뿐 아니라 죽음을 너무도 익숙하게 받아들여 온 지수조차 사랑과 맞닿아 있는 죽음 앞에서 무릎 꿇게 함으로써 극적인 효과를 증폭시키고 있다. 감독은 말한다. 사랑이 삶인 사람들의 이야기를 통해 설렘, 열정, 욕망보다는 조금은 포괄적인 사랑을 보여 주고 싶었다고. 이 영화는 죽음도 가를 수 없는 절대적 사랑을 말하는 동시에 그 사랑이란 자족적이거나 그저 덤덤한 생활일 수도 있다는 사실을 확인시켜 준다. 나는 이 영화를 보면서 고은의 시가 생각났다. "내려갈 때 보았다 올라갈 때 보지 못한 그 꽃." 고난의 의미를 생각하면서 이 깊어 가는 가을을 소망으로 색칠하자.

1971년 베트남
전쟁의 한가운데 그들이 있었다
「왕의 남자」이준익 감독 作品
님은 먼곳에
수애 정진영 정경호 |특별출연| 엄태웅
제공배급 쇼박스(주)미디어플렉스 | 제작 (주)타이거픽처스 | 공동제작 (주)영화사아침

'님은 먼 곳에'

서러운 시간을
가슴에 담아
입술 깨물며
된서방 찾아
먼 곳으로

그리움 도려내는
보타진 마음조차
불꽃놀이
으르렁거리는
먼 곳으로

애절한 눈길로
속살 태워
휘적휘적거리며
먼 곳으로

빛바랜 추억을
빈 가슴에
살포시 내려놓으며
먼 곳으로

치밀어오르는
넌더리가
낯짝에 짤싸닥이 찰싹대는
먼 곳으로

굶주린 정을 포개어
우주를 진동시키는
울림 되어
먼 곳으로.

님은 먼 곳에

• **감독** 이준익 **출연** 수애, 정진영, 정경호
특별출연 엄태웅 **상영시간** 126분 **등급** 15세 관람가 •

1971년 베트남 전쟁의 한가운데 그들이 있었다. 이준익 감독의 영화 〈님은 먼 곳에〉는 순이(수애)의, 순이에, 순이를 위한 영화다.

어느 시골마을 젊은 아낙네 순이를 향해서 남편 상길(엄태웅)은 "니, 내 사랑하니?"라는 알 수 없는 물음만 남긴 채 베트남 전쟁터로 떠나 버린다. 순이는 남편을 찾기 위해 베트남 전쟁터로 뛰어든다. 물론 상길은 다른 여자를 사랑하고 있다. 상길이 군에서 사고를 치고 베트남 파병군으로 끌려가자 그를 찾아 시어머니가 가겠다고 한다. 시어머니의 성화 반, 오기 반으로 파란만장한 준비로 위문공연단 가수 '써니'가 되어 바다 건너 머나먼 여정을 시작한다.

순이가 떠나는 길에 인생의 고달픔으로 살아가는 정만(정진영), 용득(정경호), 성찬, 철식 등 네 남자가 동행한다. 그들은 같은 시간과 공간에 있지만 목적은 다르다. 순이는 오직 남편을 찾겠다는 일념 하나다. 베트남 호이안 지역에 가는 것이 순이의 우선순위다. 하지만 다른 일행은 오직 한탕 크게 해보려는 목적밖에 없다. 시간이 흘러갈수록 돈벌이에 정신이 없다. 그러나 결국 네 남자는 순이의 조건 없는 사랑과 신념 앞에 무릎을 꿇고 순이를 위해 협력한다. 물론 그들은 잡히게 되고 전쟁 와중에 불안과 두려움 속에서 하루하루를 보내는 생지옥이다.

순이는 베트남 저항군의 총부리 앞에서도, 자신을 한국으로 돌려보내려는 미군 장교 앞에서도, 폭탄 파편이 튀는 전장의 남편 앞에서도 언제나 정면이다. 결국 남편을 만났을 때 순이는 상길의 뺨을 갈겨 버린다. 그녀의 태도는 항상 정면이다. 바로 순이의 여정을 통해서 남자는 구원받는 것이라고 감독은 말한다.

20세기까지 '히스토리'(he-story), 남성의 역사가 지배한 세상이다. 그래서 이준익 감독의 작품은 남성 캐릭터다. 〈황산벌〉, 〈라디오 스타〉, 〈즐거운 인생〉, 〈왕의 남자〉 등이다. 남성이 지배하는 2천 년 동안 자신의 역사를 정당화하면서 부조리와 모순, 굴종과 정복만 존재하는 힘의 논리를 숭배하는 것이다. 이런 모순을 여성적 시선과 논리의 '허스토리'(her-story)로 보면 된다. 페미니즘의 본격적인 영화는 아니지만 여성의 역할은 대단해지고 있다. 시어머니에게 구박받을 때, 남편에게 버림받을 때 70년대에는 공장이나 술집으로 가는 것이 거의 공식처럼 되어 있었다. 하지만 지금은 다르다. 여성의 당당함이다. 베트남으로 남편을 찾아가는 모습이다. 자신의 선 자리를 분명하게 한 것이다.

교회도 새로움에 눈을 떠야 한다. 모든 여성을 마리아로 만들지 말자. 마르다가 필요하다. 물론 동전의 양면이다. 마르다의 세상에서 마리아처럼 살아가는 모습도 필요하다. 하지만 여성 교역자를 비정규직처럼 대우하지 말고 당당하게 하늘의 절반으로 서야 한다. 남자들의 정복적이고 성취적인 으르렁대는 세상에서 섬세함과 부드러운 용서의 영성으로 세상을 새롭게 해야 할 필요가 있다.

〈님은 먼 곳에〉는 남성을 구원하는 위대한 여성성의 찬가다. 이준익 감독의 〈라디오 스타〉(2006), 〈즐거운 인생〉(2007)의 뒤를 잇는 음악영화의 3부작이 바로 〈님은 먼 곳에〉이다. 다른 한편으로는 여성 영화의 시작이다. 순이가 부르는 김추자의 "님은 먼 곳에"에는 비정한 남성세계에 대한 신랄한 비판과 포용이 묻어 있다. 남자들의 전쟁 한복판에 말이다.

2009 로테르담국제영화제 VPRO 타이거상 수상
2009 라스팔마스국제영화제 남녀 주연상 수상
2009 도빌아시안영화제 대상, 국제비평가상 수상
세상은 엿같고,
핏줄은 더럽게 아프다
그러나 당신을 울리는 이 남자
똥파리
양익준 김꽃비 이환
2009년 4월 16일 대개봉!

'똥파리'

엿 같은 세상에
술 처마시는
핏줄
더럽게 아프다

지랄 같은 이들이
밑바닥에서
허우적거리며
춤을 춘다

거친 손길이
응어리에
꽃비를 섞어가며

아린 사랑을
다독거린다
황금가슴에
똥칠을 하면서

곪아떨어진 시간을
싹싹 손으로 빌면서.

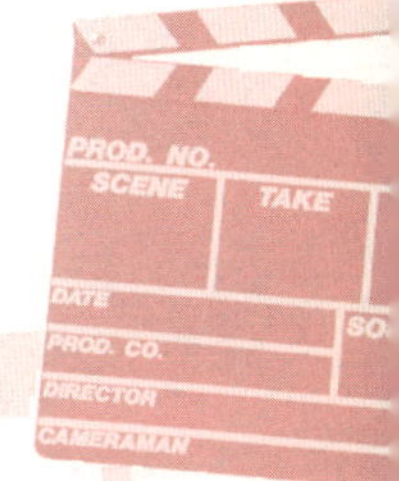

똥파리

• **감독** 양익준 **출연** 양익준, 김꽃비, 이환 **상영시간** 130분 **등급** 청소년관람불가 •

5월은 가정의 달이다. 어찌 5월만 가정의 달이라고 할 수 있겠는가? 매월 매일이 가정의 달이며, 가정의 날이다.

그리스어로 트라우마는 '상처'를 뜻한다. 이는 우리의 몸과 마음이 심하게 다치거나 충격을 받는 것을 의미한다. 트라우마는 위협적이면서 재앙이라고 할 정도로 소화해 내기 어려운 상황이나 사건이다. 트라우마에 해당하는 것은 아동 학대, 육체적 · 정신적 폭력, 폭력적 교육, 정서적 · 육체적 무관심, 아동기에 겪은 보호자의 상실, 자녀의 중병, 교통사고와 산업재해, 고문, 추방, 집단 학살, 대형참사의 목격, 사회 내부의 폭력 등 다양하다. 프랑스의 심리치료사인 보리스 시륄닉은 서구에서 4명 중 한 아이가 열 살 이전에 트라우마에 갈기갈기 찢긴다고 한다. 무엇보다 가장 큰 트라우마의 피해는 자존감에 깊은 상처를 입는 것이다. 여기에 가장 정직한 영화가 양익준 감독의 〈똥파리〉다.

욕으로 대화하고 주먹으로 감정을 표현한다. 자기 내키는 대로 살아온 용역 깡패 상훈(양익준). 할 줄 아는 거라곤 욕하고 때리는 것밖에 없는 지독한 놈이다. 세상에 무서울 것 없는 상훈이다. 폭력적인 아버지에 대한 기억 때문에 제대로 배우지도, 자라지도 못하고 세상에 단단한 벽을 쌓은 채 살아간다. 세상과의 유일한 끈이라면 친구 만식(정만식)인데, 그는 상훈의 친구이자 상훈이 일하는 용역소의 사장이다. 은퇴 후 멋진 고깃집을 운영하는 것이 목표인 만식은 상훈의 거침없는 행동을 유들유들하게 받아 주는 의리파다. 아버지 때문에 괴로워하는 상훈에게 진심 어린 충고를 하며 늘 함께한다.

어느 날 상훈은 우연히 여고생 연희(김꽃비)와 시비가 붙는다. 연희는 정신분열증을 앓고 있는 아버지와 우울한 가정환경 때문에 힘겨운 상황 속에서도 꿋꿋이 견뎌내려는 당찬 소녀이다. 둘은 점점 가까워지고 서로에게 묘한 호기심과 알 수 없는 동질감을 느낀다.

〈똥파리〉는 이처럼 어린 시절 매일같이 되풀이되던 아버지의 폭력으로 인해 깊은 원망과 한을 품은 채 거친 주먹과 욕으로 세상을 살아가는 용역 깡패 상훈이가 모른 척 덮어두기만 했던 상처를 치유해 가는 과정을 눈물나게 그린 영화다. 어느 가족에게나 있게 마련인 꺼내 보이기 싫은 불편한 진실을, 그 상처를 〈똥파리〉는 정면으로 응시한다. 〈똥파리〉는 기존 가족 영화와는 다른 과감하고 파격적인 방식으로 '가족' 이라는 울타리 안에 카메라 렌즈를 바짝 들이대고 투박하고 거친 손길로 그 상처를 어루만지며 진한 위로를 건넨다.

첫 장편 데뷔작 〈똥파리〉로 뜨거운 관심을 모으는 양익준 감독은 '도란도란 모여 앉아 과일을 깎아 먹으며 TV를 보는 가족' 은 드라마에나 등장하는 환상이라고 생각하여, 한 번쯤 리얼하게 가족의 상처에 대해 이야기할 필요가 있다고 생각했다. 감독은 말한다. "내 영화는 무식한 방식으로 가족을 이야기한다." 가족은 부대끼고 짜증나기도 하지만 가슴 한 켠을 애틋하게 만드는 존재다.

우리는 이 영화를 통해 있는 그대로의 자신을 발견하고 그 모습 그대로를 사랑할 수 있다. 주님께서도 있는 모습 그대로 오라고 하신다. 마음의 얼룩진 그늘 그대로다. 가족사의 트라우마를 치유하고 회복하는 길은 수용과 공감과 아린 가슴을 어루만져 주는 것이다. 그 안에 주님의 용서와 피눈물이 있다.

2009 봉준호 감독 신작
아무도 믿지 마
엄마가 구해줄게
아들의 살인혐의, 엄마의 사투
마더
〈살인의 추억〉 〈괴물〉 그리고... 김혜자 KIM HYE-JA X 원빈 WON BIN 2009.5.28
WWW.MOTHER2009.CO.KR

'마더'

휑한 들판에
어색한 몸짓으로
소름 돋는
넋 나간 추억

젖어드는
저린 아픔으로
자라나

으깨어지고
뒤틀리며
까칠하고 촌스럽게

활활
타오르는
뿔난 사랑

싸늘하게 후벼낸
시간을 갉아먹으며
골목과 골목을
달리고 있다.

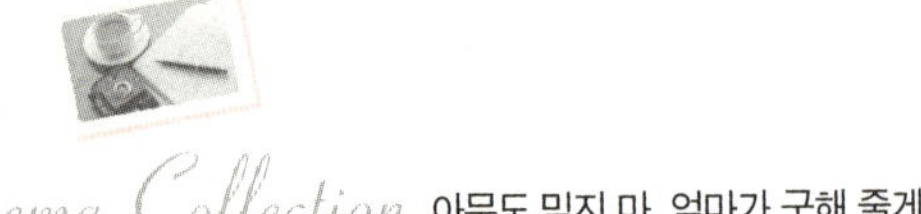

아무도 믿지 마. 엄마가 구해 줄게

마더

• **감독** 봉준호 **출연** 김혜자, 원빈, 진구, 윤제문 **상영시간** 128분 **등급** 청소년관람불가 •

"어머니는 그런 줄 알았습니다. 어머니는 짧은 머리만 좋아하시는 줄 알았습니다. 어머니는 얼굴이 고와지고 몸매가 날씬해지는 것에는 전혀 관심이 없는 줄 알았습니다. 어머니는 첫사랑이 없는 줄 알았습니다."

우리가 잘 아는 어머니에 대한 글이다. 엄마의 대명사, 국민 엄마 김혜자. 하지만 봉준호 감독에게는 그녀가 좀 다르게 보였다. 엄마에 대한 해석을 좀 다르게 한다. 봉준호 감독이 끌어낸 폭발적 에너지의 낯선 김혜자, 그 강렬함을 만날 수 있는 영화가 〈마더〉다.

읍내에서 약재상을 꾸리고 있는 엄마(김혜자)에게는 하나뿐인 아들 도준(원빈)이가 있다. 도준이는 스물여덟. 하지만 제 앞가림은커녕 자잘한 사고를 치고 다닌다. 끊임없이 챙겨 주는 엄마가 귀찮지만 어이없이 살인사건의 범인으로 지목되자 믿을 건 엄마밖에 없다. "아무도 믿지 마. 엄마가 구해 줄게."

남편 없이 아들과 단둘이 살아온 엄마다. 가진 것도 배운 것도 없지만 아들에 대한 사랑만큼은 온 동네 사람이 알 정도로 특별하다. 하나뿐인 아들이 살인범으로 몰리자 아들을 구하기 위해 백방으로 뛴다. 하지만 경찰은 서둘러 사건을 종결짓고 무능한 변호사는 돈만 밝힌다. 결국 엄마는 아들을 구하기 위해 직접 범인을 찾아 나선다. 그의 치열한 모습을 통해서 어머니의 지독한 사랑 이야기를 본다.

엄마의 움직임은 생각보다 빠르거나 민첩하지 않다. 그녀는 약삭빠르게 적응하는 사람도 아니다. 좀 모자란 아들에게도 인간다운 교육보다는 동물적인 감각을 가르치는 데 열심이다. 엄마의 마지막 선택이 무엇인가?

〈살인의 추억〉, 〈괴물〉, 그리고 새로운 엄마의 이야기 〈마더〉는 봉준호 감독이 끌어낸 아무도 상상할 수 없는 새로운 이야기다. 봉준호 감독의 영화세계는 대중성과 예술성이다. 그의 키워드는 한국적인, 너무나 한국적인 모습이다. 한국사회가 그의 영화의 현주소다. 뿐만 아니라 스스로를 구하는 약자들이다. 〈살인의 추억〉의 우스꽝스러운 경찰이나 〈괴물〉의 무능한 관료들, 〈마더〉의 경찰이나 변호사들은 도움이 되지 않는다. 철저히 마더의 고독한 사투다. 다 필요없고 엄마가 직접 해결한다는 것이다. 구세주 콤플렉스다. 나는 여기서 인간의 힘의 한계를 느낀다. 그것이 인생을 겸손하게 살게 한다. 주님의 도움을 청하는 것이다. 하지만 봉준호 감독에게는 자력구조의 모티브만이 있다. 기독교는 자력종교가 아닌 타력종교다. 봉 감독의 작품에는 뼈 있는 유머가 있다. 〈마더〉는 단순하고 매서운 광기의 여정이다.

감독은 말한다. "누구나 엄마가 있고 엄마에 대한 생각이 있다. 가장 사랑스럽거나 또는 가장 지긋지긋하거나……. 그런 엄마가 과연 어디까지 폭주할 수 있는지 극한까지 가보고 싶었다. 그런 면에서 나에게 〈마더〉는 영화적으로 새로운 도전이다. 엄마라는 식상할 만큼 평범한 소재를 다루지만 오히려 새로운 영화이고 싶고, 관객들에게도 익숙하면서도 또 무척 새로운 영화로 받아들여졌으면 좋겠다."

이처럼 〈마더〉는 생각의 전환을 요구한다. 그 방법은 논란이 되지만 엄마의 지독한 사랑 이야기는 가슴을 파고든다. 이렇게라도 자녀를 사랑하지 않으면 안 되는 것이다. 하나님의 사랑. 자녀를 죽여서라도 인간을 구해 내는 그 사랑.

61 Internationale Filmfestspiele Berlin
Forum
당신을 원해요
만추
현빈 탕웨이 김태용 감독작품
2011. 2
(배급)CJ엔터테인먼트(주) (제공)CJ엔터테인먼트(주), (주)엠엔에프씨 (공동제공)리딩인베스트먼트(주), 케이티하이텔(주) (제작)(주)보람엔터테인먼트, Film Workshop, North By Northwest Entertainment

'만추'

눅눅한 안개 사이로
터벅터벅 발걸음을 옮긴다

마음이 산산조각 난 채로
적막함 속에 무언가를 숨기는 속앓이처럼

그리움으로 다가와
상처를 서로 보듬어 만져 주는 느린 호흡처럼

쓸쓸한 곳에 찾아와
깊이 흔들어 위로하는 영혼처럼

천천히

아주 천천히.

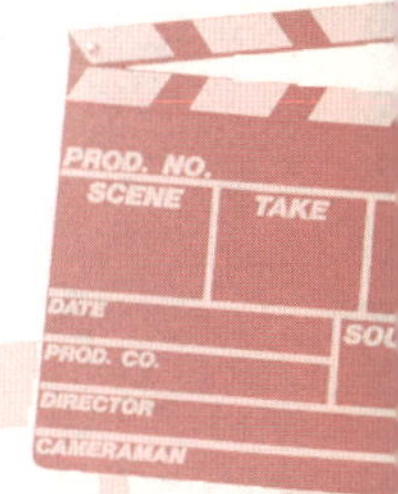

Cinema Collection 사랑이 두려운 여자와 사랑에 익숙한 남자의 이야기

만추

• **감독** 김태용 **출연** 현빈, 탕웨이 **상영시간** 115분 **등급** 15세 관람가 •

느린 호흡으로 죽어 있던 시간을 깨운 영화 〈만추〉다. 이 영화는 1966년 이만희 감독 작품을 2011년에 김태용 감독이 리메이크한 것이다. 이만희 감독의 〈만추〉와 김태용 감독의 〈만추〉는 같은 계절을 배경으로 한다. 하지만 서로 다른 심상의 계절을 담고 있다. 전자는 아직 가을의 많은 햇빛과 시원한 바람을 품고 있다. 그러나 후자의 가을은 그저 축축하고 을씨년스럽기만 하다. 영화가 담고 있는 늦가을의 풍경이 40년 전의 혜림과 40년 이후 애나의 눈에 비친 세상이다. 비슷한 상처이지만 치유방식 역시 각기 다르다. 쪼그려 자는 낯선 남자에게 신문지를 덮어 주는 여유와 그의 제의를 호기심으로 받아들인다. 그러나 애나는 모든 자극과 감각을 차단한다. 그저 죽어 있는 척하고 삭이고 있을 뿐이다.

이 감독은 두 남녀의 짧고 애절한 만남을 그리고 있다. 하지만 김 감독은 한 여자가 버티는 하루를 그리고 있다. 애나의 감각이 다시 살아나기까지, 그래서 무표정한 그녀의 얼굴에 새로운 표정이 나타나기까지를 묘사한다. 이처럼 〈만추〉는 큰 상처로 인해 마음을 닫은 여자 애나(탕웨이)와 그 여자가 만난 선물 같은 남자 훈(현빈)의 이야기다. 어쩌면 사랑이 두려운 여자와 사랑에 익숙한 남자의 이야기라고 해도 좋다. 잘 아는 사람이 아니라 느닷없이 나타난 한 사람이 선물이 되어 돌아오는 것이다.

김태용 감독은 〈가족의 탄생〉을 통해서 청룡영화제에서 감독상, 대종상, 각본상을 수상한 감독이다. 다큐멘터리 〈온 더 로드, 투〉와 〈여고괴담 두 번째 이야기〉가 있다. "사람과 사랑에 대한 믿음이 반드시 있다거나 꼭 있어야 한다고는 생각하지 않지만 누가 누구한테 마음을 여는 순간은 있다고 생각한다." 바로 〈만추〉는 '마음을 여는 그 순간'에 대한 영화라고 감독은 말한다.

애나는 남편을 죽인 살인죄로 교도소 독방에서 7년간 생활한다. 그녀에게는 이미 어떤 감정이나 표정이 없다. 그러던 어느 날 어머니의 죽음이 그녀를 세상 밖으로 외출하게 한다. 3일이라는 짧은 휴가가 허락된다. 장례식에 가기 위해 시애틀의 눅눅한 안개 사이로 버스를 타고 간다. 그런데 쫓기듯 차에 탄 훈이 차비를 빌린다. 그는 사랑이 필요한 여자들에게 에스코트 서비스를 하는 일을 하고 있다. 그는 누군가로부터 도망치는 중이다. 돈을 갚고 찾아가겠다며 억지로 손목시계를 채워 주는 남자다. 하지만 애나는 그냥 돌아선다. 7년 만의 가족도 시애틀도 낯설기만 하다.

애나는 발길을 돌린 터미널에서 훈을 다시 만나게 된다. 그리고 시애틀을 잘 아는 척 안내하는 훈과 함께 애나는 처음으로 편안함을 느낀다. 호기심이던 훈의 눈빛이 진지해진다. 사랑은 더 이상 자기와는 상관없는 일이라 생각하면서 살아가던 애나는 자신에 대해 아무것도 모르는 채 있는 그대로 대해 주는 훈에게 7년 만에 처음으로 마음을 열게 된다. 표정 없던 그녀의 얼굴에 희미한 미소가 떠오르게 된다. 그러나 누군가 훈을 찾아온다. 애나가 교도소로 돌아갈 시간이 다가온다.

〈만추〉는 〈색, 계〉 이후 3년 만에 강렬한 매혹으로 온 탕웨이의 복귀작이다. 사랑의 상처까지 위로할 줄 아는 이상적 연인으로 현빈의 재발견이다.

세상에는 완전한 기쁨도, 완전한 슬픔도 없는 것 같다. 기쁨도, 슬픔도, 절망도, 행복도 삶이라는 커다란 드라마 안에서 순서대로 나타난다. 그동안 상처로 얼룩진 우리의 마음에 기다리고 있는 순간이다. 순서는 그 상처가 꽃을 피우는 시간이다. 주님께서는 상처난 상한 심령을 원하신다. 부서지고 망가진 마음속에 임재하신다.

내가 이 지옥에서 데리고 나가 줄게요…
2009년 박찬욱 감독 신작
박쥐
박찬욱 감독 + 송강호 김옥빈 김해숙 신하균 박인환 송영창 오달수
www.thirst-2009.co.kr
CGV 채널CGV가 한국영화를 응원 합니다
4월 30일 대개봉!

'박쥐'

뒤틀린 날개를
퍼덕이다가

호올로
이빨을 드러내어

피울음 마시고
춤추며

걸레처럼
늘어져 있는

시커먼 꿈을
할퀴고 간다.

박쥐

• **감독** 박찬욱 **출연** 송강호, 김옥빈 **상영시간** 133분 **등급** 청소년관람불가 •

최고 권위의 영화축제 중의 하나가 칸 국제영화제다. 제62회 칸 국제영화제에서 박찬욱 감독의 〈박쥐〉는 심사위원장 상을 수상했다. 심사위원장인 프랑스 배우 이자벨 위페르는 "항상 인간 영혼을 파고드는 감독의 철학적인 영화"라는 말로 시상의 변을 밝혔다.

〈박쥐〉에서 존경받던 신부 상현(송강호)은 아프리카에서 비밀리에 진행되는 백신 개발 실험에 지원했다가 정체불명의 피를 수혈받게 된다. 그리고 뱀파이어가 된다. 신부가 말이다.

뱀파이어가 된 신부는 모든 쾌락을 갈구한다. 뱀파이어가 된 친구의 아내와 사랑에 빠지게 된다.

상현은 피를 원하는 욕구와 신앙심 사이에서 갈등한다. "주 예수 그리스도의 이름으로 저에게 다음과 같은 것을 허락하소서. 살이 썩어가는 나환자처럼 모두가 저를 피하게 하시고, 사지가 절단된 환자와 같이 몸을 마음대로 움직일 수 없게 하시고, 두 뺨을 떼어내어 그 위로 눈물이 흐를 수 없도록 하시고, 어깨와 등뼈가 굽어져 어떤 짐도 질 수 있게 하소서. 머리에 종양이 든 환자처럼 올바른 지력을 갖지 못하게 하시고, 영원히 순결에 바쳐진 부분을 능욕하여 어떤 자부심도 갖지 못하게 하시며, 저를 치욕 속에 있게 하소서. 아무도 저를 위해 기도하지 못하게 하시고, 다만 주 예수 그리스도의 자비만이 저를 불쌍히 여기도록 하소서." 상현의 기도문이다.

이러한 기도를 하던 신부는 우연히 어린 시절 친구 강우와 그의 아내 태주(김옥빈)를 만나게 된다. 태주는 "이 지옥에서 조금이라도 빨리 나가고 싶어요" 하며 상현을 위험한 사랑으로 이끄는 여인이다. 그녀는 남편의 친구 상현을 만나 병약한 남편과 시어머니의 냉대 속에 감추어져 있던 매력과 욕망을 거침없이 발산하며 살인까지 계획한다.

신부인 상현은 그녀를 만나면서 인간적 욕망까지 눈뜨게 된다. 태주 또한 히스테리컬한 시어머니와 무능력한 남편에게 억눌렸던 욕망을 깨워준 상현에게 집착한다. 둘의 사랑은 점점 대담해져 가고 급기야 상현이 뱀파이어라는 사실을 알게 된다. 태주는 자신의 남편을 죽이자고 제안한다. 상현이 역시 그 제안을 받아들인다. 살인을 부르는 치명적인 유혹, 한 치 앞을 알 수 없는 이들의 치명적인 사랑이 시작된다.

〈박쥐〉의 등장인물이 박 감독의 이전 영화와 차별이 된다. 〈친절한 금자씨〉의 감동 동료나 〈싸이보그지만 괜찮아〉의 정신병동 식구들처럼 수많은 조연들이 화려하게 총출동하는 영화가 아니다. 〈박쥐〉의 캐릭터는 네 명이다. 어린 시절 성당에 다녔던 박찬욱 감독이다. 배우의 입을 통해서 전해주는 천주교 용어가 명확하다. 하지만 송강호는 종교는 없지만 무신론자라고 정의를 내릴 수 있는 사람이 아니다. 평소에 신에 대한 생각을 많이 한 사람도 아니다. 정신적 측면으로 종교인에 대한 경외감은 있다. 그래서 편안하게 연기를 할 수 있었다고 말한다. 〈밀양〉이 가벼운 멜로 라인만 있었던 정도이고, 〈박쥐〉는 사랑에 대해 극단적으로 파고드는 작품이다.

사랑을 하면서 치졸하게 변하는 모습, 그리고 신과 마주하면서 정말 숭고한 경지까지 나아가는 상현의 두 가지 모습이 한데 담겨 있다. 세속적이고 원초적인 감정이 그대로 드러난다. 이 영화는 찬반이 뜨거운 영화다. 감독은 아름다운 것, 추한 것, 숭고한 것, 천박한 것, 슬픈 것, 웃기는 것, 서로 구별되는 것이 힘들다는 것이다. 이처럼 예술은 불편하기도 하고 모호하기도 하다.

DIGITAL
dts
SURROUND
사계절에 담긴 인생의 비밀
봄 여름 가을 겨울 그리고 봄
DVD
VIDEO

'봄 여름 가을 겨울 그리고 봄'

호젓한 암자에
동자승과 고승이
어우러져

살덩어리 안기듯
섞인 마음
어찌하랴

이제 등 돌린 그림자에
살비린내 나는
상처의 멍울들을
어찌하랴

그리움을
마시다가 마시다가
비우는 살얼음을
어찌하랴

가슴앓이 하듯
고뇌를 색칠하는
외로움을
어찌하랴.

봄 여름 가을 겨울 그리고 봄

• **감독** 김기덕 **출연** 오영수, 김기덕, 김영민, 서재경, 하여진
상영시간 106분 **등급** 15세 관람가 •

켄 가이어는 그의 책《영혼의 창》에서 영화의 창을 통하여 이야기한다. "영화는 한두 시간 동안 다른 사람의 삶을 볼 수 있는 기회를 준다. 때론 그것이 우리를 바꿔놓을 수 있는 것이다."

지난 9일간 광주에서는 영화의 물결이 출렁거렸다. 나는 10여 편의 영화를 보면서 주님의 음성을 듣는 시간을 갖곤 했다.

특히 애니메이션 가운데 권정생의 〈강아지똥〉은 설교보다도 우리의 영혼을 울린 감동 그것이다. 영화는 한가한 사람이나 보는 오락물이나 취미가 아니다. 주님은 우리의 일상생활을 통해서 섬세함과 세미함으로 우리의 영혼을 터치하신다.

광주국제영화제의 개막작인 〈봄 여름 가을 겨울 그리고 봄〉은 사계절에 담긴 인생의 비밀이 그려진 작품이다. 물론 불교적 색채가 너무 짙은 영화임에는 틀림이 없다. 그럼에도 불구하고 인생의 의미를, 그리고 고통의 몸부림 속에서 참다운 인간 구원의 길은 오직 예수 그리스도께 있음을 생각할 때 그저 감사할 뿐이다.

김기덕 감독은 항상 예산을 많이 들이지 않고 일관된 주제의식으로 영상미학을 보여 주는 감독이다. 〈악어〉, 〈파란 대문〉, 〈섬〉, 〈실제상황〉, 〈수취인불명〉, 〈나쁜 남자〉, 〈해안선〉 등으로 인정받은 감독이다. 이번 광주국제영화제 개막작은 인생이란 무엇인가를 생각하게 하는 영화다.

깊은 산속의 호젓한 암자와 그 속에 살고 있는 동자승과 고승이 등장한다. 주산지 호수 위에 그림처럼 떠 있는 작은 암자에 노승과 함께 동자승이 살고 있다. '봄 여름 가을 겨울 그리고 봄' 이란 제목처럼 다섯 개의 장으로 구성된 영화다. 이 동자승의 성장과정을 계절의 순환에 실어 그리고 있다. 호숫가에서 개구리, 물고기, 뱀 등에 장난을 치면서 살생의 의미를 깨닫는 봄. 암자를 찾아온 소녀와 사랑에 빠진 17세의 소년승의 여름, 속세로 떠난 뒤 배신한 아내를 죽인 살인범이 되어 돌아오는 장년기의 가을. 중년의 나이로 폐회가 된 산사에서 홀로 내면의 평화를 구하는 겨울. 다시 자신의 분신과 같은 또 다른 동자승과 함께 지내는 새로운 봄이 간결한 스토리와 대사, 상징적인 이미지 속에서 담담하게 펼쳐진다. 물론 기독교 세계관이나 가치관으로 신학적 문제는 있다. 윤회사상, 업보사상 등이 바로 그것이다. 그러나 김 감독은 그동안 억압된 욕망과 분노를 폭발적으로 표출하는 주인공들을 내세워 고통의 순간을 형상화하는 데 주력해 온 점을 볼 때 동자승의 성장과정을 통해서 우리 인간의 존재를 보여 주고 있다.

특히 감독이 직접 출연하면서 맷돌을 지고 산을 오르는 고행 신(scene)은 마치 루터가 무릎으로 성 베드로 성당을 오르는 모습이다. 그 장면을 보면서 나는 주님의 음성을 듣게 된다. "수고하고 무거운 짐 진 자들아 다 내게로 오라 내가 너희를 쉬게 하리라."

순수한 시적 이미지와 소박함과 간결함, 애정과 유머로 신선하게 다가오는 광주국제영화제 개막작 〈봄 여름 가을 겨울 그리고 봄〉은 제56회 로카르노 영화제에서 4개 부문을 수상했다. 관객의 기립박수를 받은 영화다. 여행보다도 아름다운 영화 〈봄 여름 가을 겨울 그리고 봄〉은 우리로 하여금 예수님을 통해서 구원받은 사실이 얼마나 큰 영혼의 터치인가 감사가 저절로 나오게 하는 영화다.

모두가 알지만 아무도 몰랐던…
명성황후 민자영
조선왕조 마지막 멜로
불꽃처럼 나비처럼
2009년 추석 대개봉!
조승우 수애 천호진 | 감독 김용균

'불꽃처럼 나비처럼'

사랑의 쏘시개로
쏘삭거려
마른 가슴은
여울여울

젖은 나래에
넘실거리는
작은 속내음은
팔락팔락

풀무질하며
타오르는
휘황한 색채는
파닥파닥

살 속의
조요한
나래짓은
나울나울.

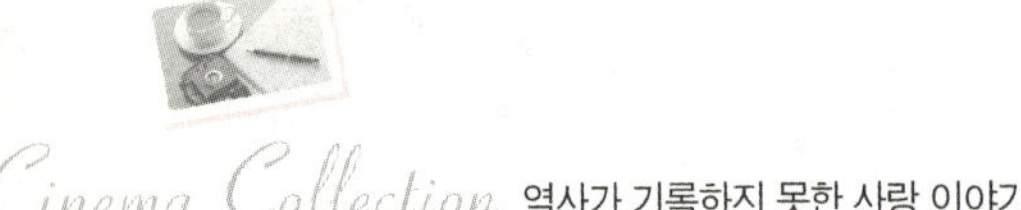

불꽃처럼 나비처럼

• **감독** 김용균 **출연** 조승우, 수애, 천호진, 김영민 **상영시간** 124분 **등급** 15세 관람가 •

역사가 기록하지 않은 사랑이 스크린에 옮겨졌다. 김용균 감독의 세 번째 연출작인 〈불꽃처럼 나비처럼〉은 야설록의 원작 소설을 기초로 한다. 바로 명성황후의 비하인드 러브 스토리다. 격동의 시대, 불꽃처럼 짧은 생을 비극적으로 마감해야만 했던 명성황후에게 가슴 시린 사랑이 있었다. 조선 말 광풍의 역사 속에 숨겨졌던 불꽃 같은 사랑 이야기가 펼쳐진다. 모두가 알지만 아무도 몰랐던 명성황후 민자영과 모든 것을 걸고 그녀를 지켰던 호위무사 무명의 가슴이 저려오는 사랑이다.

영화는 무명의 어린 시절 이야기로 시작한다. 천주교 신자였던 어머니가 처형당하는 것을 눈앞에서 지켜본 무명(조승우)은 자객이 되어 거친 삶을 살아간다. 순수와 카리스마를 겸비한 열정을 불사르는 배우 조승우다.

어느 날 피비린내에 찌든 자신과 너무나 다른 여인 자영(수애)을 만나 새로운 감정을 경험하게 된다. 그녀에게 첫눈에 반한 무명은 맹목적인 사랑을 바친다. 며칠 후 고종(김영민)과 자영의 혼례가 치러지고 무명은 가질 수 없다면 모든 것을 바쳐 그녀를 지키겠다고 다짐하며 홀로 대원군(천호진)을 찾아가 궁에 들어가기 위한 시험을 자처한다.

여기에 무명의 사랑 이야기만 있는 것은 아니다. 운명적인 로맨스 옆에는 고종의 시기 어린 사랑도 존재한다. 스크린에 펼쳐진 고종의 순정과 불안은 지난해에 〈경축! 우리 사랑〉에서 발견한 배우 김영민을 재발견하게 한다. 그의 애증 어린 감정에 고개를 끄덕이는 것은 절제와 폭발 사이에서 새로운 고종을 남김없이 재현한 김영민 덕이다.

이 영화는 무협소설계의 거장인 야설록 원작 소설을 영화화하여 뛰어난 스토리텔링을 스크린으로 부활시킨 것이다. 실존인물인 명성황후와 홍계훈 장군을 모티브로 한 역사적 사실에 허구적 상상력을 가미한 팩션이다.

명성황후는 그동안 악랄한 여인으로, 강인한 여걸로, 비운의 황후로 조명되었지만 이 영화에서는 여성적 면모를 부각시킨다. 불안한 운명 앞에서 슬픔과 두려움을 느낀다. 개화기 신문물을 경험하며 순수한 설렘을 표현하면서도 대원군에 맞서 확고하게 신념을 펼친다. 무명과의 이루지 못할 사랑 앞에서 안타까워하는 명성황후는 외유내강의 면모를 갖춘 수애를 통해 새롭게 드러난다. 사실 수애는 단아하면서도 여성스럽고, 여성스러우면서도 강인하고, 또 강인해 보이면서도 섹시하기까지 한 배우다. 조선의 여인으로 살았지만 불꽃처럼 화려하고 나비처럼 어렸던 그녀 민자영. 대한민국 대표 여배우로 거듭나는 수애다. 그래서 그를 일컬어 '천의 얼굴'의 소유자라고 말한다. 〈가족〉에서 그녀가 보여 준 캐릭터는 눈물과 강인함이었다. 〈그 해 여름〉에서는 가족도 없이 외롭게 살아가는 감정과 정서가 풍부한 캐릭터로 거듭났다. 〈님은 먼 곳에〉에서는 아내로서의 강인함이었다. 이처럼 수애의 변모는 〈불꽃처럼 나비처럼〉에서 강인함 그리고 현명함, 절제 등 모든 면에서 최고의 연기를 한 것이다.

감독인 김용균은 〈와니와 준하〉와 〈분홍신〉으로 탁월한 영상미와 섬세한 연출력을 인정받은 감독이다. 그는 '민자영'이란 사람이 가졌던 고뇌의 본질이 무엇이었을까 생각하고 그녀를 끝까지 지키려고 했던 호위무사를 통해 다른 시각으로 접근하고자 했다고 이야기한다. 색다른 시선으로 지금껏 만나 보지 못한 감성 멜로를 탄생시켰다. 픽션 사극을 통해서 명성황후의 비극적인 죽음보다는 어쩌면 있었을지도 모를 그의 숨겨진 사랑에 초점을 맞춘 영화다. 우리의 삶 역시 하나님과의 비하인드 스토리가 있다.그분만 아시는 이야기가 있다. 은밀한 그분과의 러브 스토리다.

내 인생 가장 뜨거운 순간
시
poetry
<오아시스><밀양> 감독·각본 이창동 배우 윤정희
5월, 전세계인의 가슴을 두드리는 영화가 옵니다 www.poetry2010.co.kr

'시'

강물 위로
죽음 꽃이 떠내려간다

밀려오는 슬픔이
처절함으로 출렁거릴 때마다

가슴속 깊이 후벼 파고 들어온
울음이 물너울 되어
울분을 토한다

헉헉거린 사연들이
침범할 때마다

텅 빈 심장 위로
빗방울이
뚝뚝 떨어진다

거센 풍경을
닦아 내려갈 때마다.

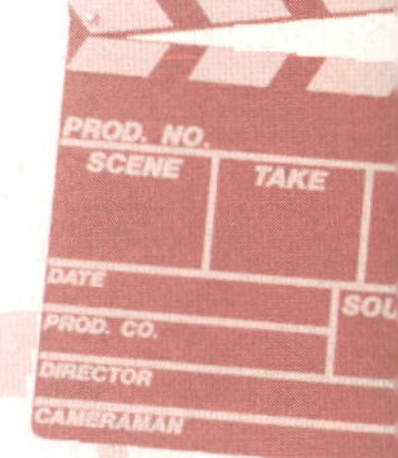

시

• **감독** 이창동 **출연** 윤정희, 김희라, 이다윗 **상영시간** 139분 **등급** 15세 관람가 •

시를 쓰는 나에게 있어서 시는 우리의 마음을 만져 주고 치료하는 영혼의 주사와 같다. 얼어붙은 마음을 녹이는 따뜻한 손이다. 삶의 무게에 눌려 굳게 닫혀 있던 마음을 열게 하는 열쇠다. 텅빈 영혼의 허기를 채워 준다. 누구나 마음속에는 잊지 못할 시 한 편이 있다. 날카로운 첫사랑의 추억이 담긴 시. 찬란한 인생의 순간을 함께한 시. 부푼 꿈을 갖게 한 시. 힘겨운 삶의 무게를 다독여 준 시. 이처럼 시를 읽는다는 것은 가슴과 가슴을 맞대고 힘껏 껴안는 것이다. 마음이 모래처럼 서걱거리고 가슴 한 켠에 바람이 스치는 날, 시를 읽어 본다. 나는 영화를 통해 시를 만나는 은총을 입었다. 우리의 일상에 속 깊은 친구가 되어 줄 시와 영화의 토닥거림을 만끽하자. 내가 이 원고를 쓰는 순간 이창동 감독의 〈시〉가 칸 영화제에서 각본상을 받았다는 뉴스를 접한다. 이 감독은 〈초록물고기〉로 데뷔한 이후 〈박하사탕〉, 〈오아시스〉, 〈밀양〉으로 삶의 이면을 진솔하게 대담한 화법으로 묘사한 탁월한 감독이다.

〈시〉는 한강을 끼고 있는 경기도의 어느 작은 도시를 배경으로 한다. 낡은 서민 아파트에서 이혼한 딸이 맡기고 간 중학교에 다니는 손자와 함께 살아가는 양미자(윤정희)가 주인공이다. 그녀는 생활보조금과 중풍 든 노인(김희라)을 간병하며 받는 돈이 수입의 전부다. 그녀는 손자가 밥 먹는 모습이 제일 행복하다는 평범한 이웃집 할머니다. 하지만 꽃 장식 모자부터 레이스 달린 화사한 의상까지 치장하는 것을 좋아한다. 호기심도 많으며 엉뚱한 캐릭터다.

미자는 동네 문화원에서 우연히 '시' 강좌를 수강하면서 시상을 찾기 위해 그동안 무심히 지나쳤던 일상을 주시한다. 아름다움을 찾으려 한다. 지금까지 봐왔던 모든 것들이 마치 처음 보는 것 같아 소녀처럼 설레기만 한다. 이 영화에서 섬진강 시인으로 알려진 김용택 시인이 김용탁 시인으로 출연해 강의를 한다. "지금까지 여러분은 사과를 진짜 본 게 아니에요. 사과라는 것을 정말 알고 싶어서, 관심을 갖고 이해하고 싶어서, 대화하고 싶어서 보는 것이 진짜로 보는 거예요." '사물을 자세히 봐라. 그래야 시가 떠오른다. 시라는 게 멀리 있지 않고 우리 주변에 있다' 는 것이다. 이처럼 시를 쓰려면 사물을 직시하면서 시상이 떠오를 때마다 메모를 해야 한다. 그래서 미자의 가방에는 항상 필기도구와 수첩이 있다.

이러한 미자의 순수함 속에도 예기치 못한 사건이 찾아온다. 그녀는 세상이 자신의 생각처럼 아름답지만은 않다는 것을 알게 된다. 어느 날 미자는 강물에 뛰어들어 자살한 여중생이 죽기 전 몇 달간 자신의 손자를 비롯한 몇몇 남학생들에게 성폭행을 당했다는 사실을 알게 된다. 인생은 더 이상 시처럼 마냥 아름답지 않다는 것을 아는 순간부터 시를 쓰고 시 낭송을 하는 금요 낭송회 모임이 어색하기만 하다. 성폭행 사건을 조용히 무마하려는 사람들은 모두 부조리와 부도덕의 세계에 묶여 있다. 자기 자녀를 보호해야 한다는 것 때문에 윤리는 실종되었다.

이제 미자에게 순수와 아름다움은 공허할 뿐이다. 그러나 미자가 성폭행 당한 여학생의 엄마에게 하소연하러 찾아가는 그 순간에도 그녀의 마음을 다독이는 것은 역시 시이다.

그 어떤 말로도 위로가 되지 않을 때 조용히 시집을 열어 보자. 그리고 시를 써보자. 시는 삶을 담은 응축된 언어다. 때론 수백 마디 말보다 한 줄의 시가 더 큰 위로와 마음을 헹궈 주는 마중물이 된다. 하나님은 우리를 작품(포이에마) 시로 만드셨다.

몰랐습니다...
당신과 이렇게 빨리 이별하게 될 줄을...
속수무책 딸의
마지막 러브레터
애자
최강희 김영애 배수빈 최일화
9월, 첫 감동이 찾아온다!

'애자'

어무이
이래 가시뿌마
언제 뵙겠어예

어무이
참말로
가시는 거 맞습니꺼

어무이
내사마
다 지가 잘못한 거
용서하이소

어무이
우짠다코
가고 없대예
어앨라꼬 그카노.

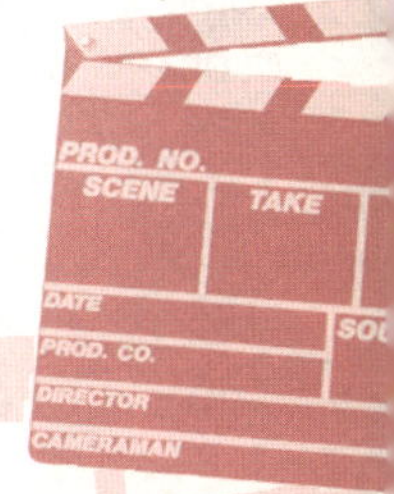

속수무책 딸의 마지막 러브레터

애자

• **감독** 정기훈 **출연** 최강희, 김영애, 배수빈 **상영시간** 110분 **등급** 15세 관람가 •

아무리 부딪치기 싫어도 갈등할 수밖에 없는 게 가족이 아닌가 싶다. 그 가운데서도 신물나게 싸우다가 금세 화해를 반복하는 관계가 바로 엄마와 딸이다. 바로 그런 엄마와 딸의 관계에서 돌아보는 영화가 〈애자〉다.

한때 부산의 톨스토이로 불리며 이름을 날리던 박애자(최강희)는 글솜씨는 있지만 통장잔고는 제로, 엄마에겐 애로, 앞날이 캄캄한 청춘막장인 스물아홉 살의 무직 소설가일 뿐이다. 그런 애자가 늘 마뜩잖은 엄마 최영희(김영애)는 깽값 해결사, 머리채 잡기, 억척 아줌마다. 인생 끝물 쉰아홉이다. 애자는 잘나가던 왕년을 뒤로하고 엄마의 잔소리를 피해 서울로 상경한다. 하지만 남는 것은 빚더미뿐이다. 오빠의 결혼 때문에 5년 만에 집에 내려갔지만 구박부터 받는다. 딸은 짜증스럽기만 하다. 엄마는 애자에게 시집이나 가라고 몰아붙인다. 애자는 그런 엄마한테 반항하느라 매번 티격태격한다. 그러던 어느 날 갑자기 엄마가 쓰러졌다는 소식을 듣게 된다. 상상도 하지 못한 엄마의 이별 통보다.

영화 〈애자〉는 엄마와 딸의 관계에서 돌아보는 다 큰 처녀 애자의 성장담이다. 가장 가까우면서 또 가장 쉽게 상처를 주는 복잡미묘한 모녀관계를 통해 가족의 애틋함을 이야기한다. “말 안 들을 거면 나가라, 이년아!” 하고 소리를 지르는 엄마한테 “나한테 뭐 해준 게 있다고 이래라 저래라 하는 거야?” 한 치의 양보도 없이 맞서는 딸이다. 불꽃 튀는 이 둘의 갈등은 낯설지 않은 풍경이다. 모녀이기 이전에 너무도 다른 성격을 가진 두 여자의 팽팽한 대립을 풀어가는 것은 현실감 넘치는 에피소드로 재미와 공감을 자아낸다. 동시에 눈물샘도 자극한다. 바로 엄마의 아픈 몸과 절절하게 가슴으로 만나는 것이다. 인생의 고통, 그중 가장 힘든 것이 가족의 죽음일 것이다. 상실의 고통이야말로 버겁기만 한 것이다. 엄마가 아픈 것을 빤히 알면서도 몸에 밴 성질을 죽이지 못한 채 한참 성질을 부리고는 어쩔 줄 몰라하는 것을 볼 때 영화가 아니라 나의 이야기임을 자연스럽게 받아들이면서 영화에 몰입하게 된다.

당차고 씩씩한 그녀에게도 눈앞의 현실은 감당하기에 벅차기만 하다. 그런 시련을 통해서 엄마를 향한 사랑의 마음이 열리기 시작한다. 마치 낮엔 따뜻하고 밤엔 추운 날씨 때문에 생긴 깊은 상처가 고운 단풍이 되듯 말이다. 나무가 고통을 많이 받을수록 단풍은 곱게 물든다는 것이다. 만날 티격태격 싸우던 모녀가 이별을 앞둔 가슴 시린 현실 앞에 담아내는 소소한 사연은 너무나 소중하다. 가장 아름다운 사랑은 전쟁통에서만 가능하다는 말 그대로다. 딸과 엄마는 싸울 때 절대 서로 얼굴을 보면서 싸우지 않는다. 서로 눈을 마주치지 않고 감정을 소모한다. 이 영화에서 엄마와 딸의 마지막 여행과 엄마와 엄마 친구, 그리고 애자가 마루에 앉아서 대화를 나누는 장면에는 여자의 삶이 녹아 있다.

정기훈 감독은 전주 출신이다. 영화의 배경은 부산이다. 정 감독은 전라도 엄마는 잔정이 많고 화를 속으로 삭이기 때문에 경상도 엄마를 선택했다고 한다. 경상도 엄마는 정은 속으로 꽉꽉 감춰 놓고 겉으로는 툭툭 윽박지른다. 그쪽이 더 어울린 것 같다. 이 영화를 통해서 자기를 돌아보고 부모님을 볼 수 있었으면, 영화를 보고 난 후 부모에게 전화 한 통 할 수 있는 여유를 가지면 좋겠다는 소박한 바람이다. 하나님은 어디에나 계실 수 없어서 우리에게 어머니를 두신 것은 아닌가. 엄마의 소중함을 다시 한 번 확인할 수 있는 영화다. 엄마의 자궁은 하나님의 별칭이다. 바로 자궁의 신학이다. 생명의 잉태가 거기에 있다.

"니가 행복했으면 좋겠어.
이 순간만큼은..."
세상에서 가장 행복한 약속
어린왕자
Little Prince
DVD
VIDEO
12세이상
관람가

‘어린왕자’

무너지는 어둠 속에
밝은 빛을 보네

시린 세월에
해맑은 마음 만지네

기울어진 하늘에
이제야
너의 마음 알 것 같아

“내 등에 업혀라
니가 행복했으면 좋겠어.”

어린 왕자

• **감독** 최종현 **출연** 탁재훈, 강수한, 조안 **상영시간** 92분 **등급** 12세 관람가 •

"내가 만일 다시 아이를 키운다면 먼저 아이의 자존심을 키워 주고 집은 나중에 세우리라. 아이와 함께 손가락 그림을 더 많이 그리고 손가락으로 명령하는 일은 덜 하리라. 아이를 바로잡으려고 덜 노력하고 아이와 하나 되려고 더 많이 노력하리라. 시계에서 눈을 떼고 눈으로 아이를 더 많이 바라보리라. 만일 내가 다시 아이를 키운다면 더 많이 아는 데 관심 갖지 않고 더 많이 관심 갖는 법을 배우리라. 자전거도 더 많이 타고 연도 더 많이 날리리라. 들판을 더 많이 뛰어다니고 별들을 더 오래 바라보리라. 더 많이 껴안고 더 적게 다투리라. 도토리 속의 떡갈나무를 더 자주 보리라. 덜 단호하고 더 많이 긍정하리라. 힘을 사랑하는 사람으로 보이지 않고 사랑의 힘을 가진 사람으로 보이리라" (다이나 루먼스).

위의 글처럼 우리에게 다시 한 번 어린이의 순수함과 소중함을 느끼게 하는 작품이 있다. 최종현 감독의 〈어린왕자〉다.

영상에 소리를 입히는 직업을 가진 폴리아티스트 종철(탁재훈)은 일에 빠져 사는 워커홀릭이다. 언제나 일이 우선인 그는 아내 희수, 아들 은규와 떠나기로 한 여름휴가 약속도 지키지 못한다. 화가 난 아내 희수는 아들 은규를 데리고 혼자 여행을 떠난다. 그런데 차가 고장나고, 비가 오는 밤에 아내 희수는 차 안에서 아들을 껴안고 있다가 덤프트럭에 밀려 차가 언덕으로 굴러 떨어지고 만다.

몇 년이 지나고 종철은 마트 주차장에서 접촉 사고가 생긴다. 선옥(조안)과 조카인 영웅(강수한)을 만난다. 물론 후에 영웅이가 선옥의 조카인 줄 알게 된다. 영웅은 병원에 입원한다. 병문안을 간 종철은 온갖 소리를 흉내내며 아이들에게 동화책을 읽어 주는 영웅의 모습을 본다. 어설픈 영웅 대신 종철이가 실감나는 동물 소리를 아이들에게 들려주자 영웅은 종철에게 친구가 되자고 제안한다.

영화 속에서 종철 역을 한 탁재훈은 9시간 동안 비를 맞으며 열연한다. 부산 해운대 아쿠아리움에서 촬영된 이 장면은 바로 종철과 영웅이 서로의 소중함을 서서히 깨달아가면서 애틋한 감정을 선물하게 되는 장면이다. 아내와 아들에게 잘못한 것을 사죄라도 하듯 종철은 영웅에게 정성과 사랑을 쏟아 붓는다.

이 영화는 상처를 안고 사는 어른이 아이의 해맑은 동심으로 인해 점차 치유되어 가는 휴먼 드라마다. 사실 아내와 아들에게 눈길조차 주지 못하고 일만 중요하게 생각하며 살았던 생활이 아내와 아들의 죽음을 몰고 올 줄 몰랐던 종철에게 혼자 남은 시간은 너무 모질고 고통스런 시간이었다. 하지만 어린 영웅이를 만나면서 어둠의 긴 터널에서 빠져나올 수 있는 힘을 얻게 된다. 웃음을 잃고 살았던 그에게 웃음을 선물로 준 것이다.

영웅이는 "아저씨도 나처럼 여기가 아프잖아" 하면서 오히려 종철이의 상처를 알고 어루만져 준다. 어떻게 영웅이가 알았을까? 아마 영웅이가 아프기 때문에 종철의 아픔을 알았을 것이다. 그리고 순수한 마음과 깨끗한 영혼은 눈에 보이지 않는 깊은 곳을 볼 수 있기 때문이리라. '어린왕자' 는 그 맑고 순수한 동화 속의 어린왕자처럼 깨끗한 영혼을 가진 일곱 살의 영웅이다. '어린왕자' 를 통해서 진한 감동을 주면서 어른을 치유하는 두 남자의 우정을 보여 주는 보석 같은 치유의 영화가 〈어린왕자〉다.

이 영화는 〈나의 결혼 원정기〉 조감독 출신인 최종현 감독의 데뷔작이다. 지난해 〈내 생애 최악의 남자〉에서 첫 정극 연기를 시도했던 탁재훈과 드라마 〈외과의사 봉달희〉에 출연했던 아역 배우 강수한이 감동 연기를 보여 준다.

수단의 슈바이처, 쫄리 신부님...
당신은 사랑입니다.
故 이태석 신부의 감동 휴먼 다큐멘터리
울지마 톤즈
제작 KBS 한국방송 제공/마케팅/배급 마운틴픽쳐스
감독 구수환 글·구성 윤정화 내레이션 이금희
www.dontcryformesudan.com
9월, 그를 만나러 갑니다

'울지 마 톤즈'

툭 건들면
금방 쏟아질 듯한
눈망울들 사이로

풍금 위에 내린
따스한 시선 먹으며

허름한 수도원에서
뭉그러진 사람들의
손발의 본을 뜨며

가녀린 상처의
꽃들을
가슴에 보듬어

언젠가 오게 될
아름다운 세상
그리며

진종일
빈둥거리는
음표들을 모아

행복의 악보를
만들어
세상을 노래하던

하늘 불꽃처럼 살았던
끝나지 않은
러브 스토리.

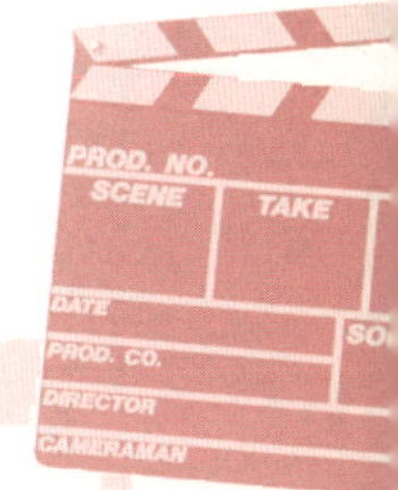

울지마 톤즈

• **감독** 구수환 **글 · 구성** 윤정화 **내레이션** 이금희 **상영시간** 91분 **등급** 전체 관람가 •

아프리카 오지 수단에 자신의 모든 것을 헌신한 한국의 슈바이처 고 이태석 신부가 남긴 마지막 선물이다.

2010년 2월 아프리카 수단 남쪽의 작은 마을 톤즈. 남 수단의 자랑인 톤즈 브라스 밴드가 마을을 행진했다. 선두에 선 소년들은 한 남자의 사진을 들고 있었다. 환하게 웃고 있는 사진 속 한 남자. 마을 사람들은 톤즈의 아버지였던 그의 죽음이 믿기지 않는다며 눈물을 흘렸다.

눈물을 보이는 것을 부끄러운 것이라 생각하는 톤즈의 딩카족은 자신들에게 따뜻한 사랑을 알게 해준 한 사람의 마지막 길 앞에서 오열했다. 이 모든 사람들의 눈물의 배웅을 받은 그는 마흔여덟의 나이로 짧은 생을 마감한 고 이태석 신부다. 그는 톤즈의 아버지이자 온갖 질병을 치료하는 의사로, 아이들을 가르치는 교사로 8년을 살았다. 밀려드는 환자들을 밤새워 치료하고, 배울 곳이 없는 아이들을 위해 학교를 짓고, 35인조 브라스 밴드를 만들어 아이들에게 희망을 심어 주었다. 그는 가난한 이들의 따뜻한 친구가 되어 그렇게 열정적으로 살았다. 뿐만 아니라 지휘자, 건축가로서 자신의 모든 것을 바쳐 그들을 사랑했던 헌신적인 그의 삶이 스크린에 펼쳐진다.

장래가 보장된 의사의 길을 버리고 사제가 되어 아프리카로 떠난 청년 의사 이태석. 그가 암으로 생을 마감하기까지 8년여 동안의 가슴 뭉클한 삶의 기록이 고스란히 담겨 있다.

그는 절망밖에 남지 않았던 톤즈의 유일한 희망이 되어 준 사람이다. 국제 구호 전문가들 사이에서도 최악의 지옥이라 이야기되는 그곳에서 이태석 신부는 절망에 빠진 톤즈 사람들의 아픈 마음과 몸을 치료하는 것에 자신의 모든 것을 쏟아 부었다. 이태석 신부는 한국에서 볼 수 없는 정말 아름다운 것 두 가지가 톤즈에 있다고 한다. 그중의 하나는 너무도 많아 금방 쏟아져 내릴 것 같은 밤하늘의 무수한 별들이고, 다른 하나는 손만 대면 금방 톡 하고 터질 것 같은 투명하고 순수한 그곳 아이들의 눈망울이다. 아이들의 눈망울을 보고 있으면 너무 커서 왠지 슬퍼지기도 하지만 너무 아름다운 것을 볼 때 흘러나오는 감탄사 같은 것이 마음속에서 연발됨을 느낄 수 있다는 것이다. 고 이태석 신부는 그들의 유일한 의사이자 선생님이자 희망이었다. 이처럼 그는 수단 톤즈에서 사랑을 전하던 사제다.

톤즈의 아이들은 소년병으로 끌려가 자기 몸 만한 총을 들고 살기 가득한 전쟁터를 마주해야 한다. 상처받은 아이들의 손에 총 대신 악기를 들려주고 음악을 가르쳐 준다. 브라스 밴드로 새롭게 태어난 아이들이 사랑을 노래하고 평화를 연주하도록 온 마음과 몸을 던졌던 그가 휴가 중에 대장암 3기라는 진단을 받은 것이다. 어서 빨리 톤즈 사람들에게 돌아가고픈 간절한 바람과는 달리 2010년 1월 14일, 그는 지상에서의 짧은 생애를 마쳤다.

KBS 스페셜을 통해서 방영되었던 것이 다시 극장판으로 제작되어 극장에서 개봉을 했다.

감독인 구수환은 세계분쟁지역의 비극을 정직하게 기록해 온 저널리스트다. 현장을 발로 뛰며 옳지 못함을 고발해 온 프로듀서다. 그는 이렇게 말한다. "신부님을 기억하는 사람들은 눈물로 기억하고 있었다. 톤즈의 아이들을 인터뷰하면서 처음으로 함께 울었다. 내가 꿈꾸던 세상을 이태석 신부님이 보여 주셨다."

고 이태석 신부가 이 세상에 남긴 유일한 책 《친구가 되어 주실래요?》는 그가 평생 품어 왔고 사람들에게 들려주고 싶었던 소망이며 유언이다.

"너희가 내 형제들인 이 가장 작은 이들 가운데 한 사람에게 해준 것이 바로 나에게 해준 것이다"(마 25:40 참조).

사람은 가끔, 마음을 주지만
소는 언제나, 전부를 바친다
사람과 사랑을 울리는…
워낭소리
제13회 부산국제영화제 PIFF 메세나상 2008
제25회 선댄스영화제 월드다큐멘터리 경쟁부문 2009
서울독립영화제 2008 관객상
blog.naver.com/warnangsori
감독 이충렬 | 출연 최원균 이삼순 & 소 | 연출 구성 편집 이충렬 | 제작 스튜디오 느림보 | 배급 인디스토리 | 공동배급 독립영화배급지원센터 2008년 하반기 아트플러스시네마네트워크 개봉지원작

'워낭소리'

주름지고 마른
세월에

찌그러진 맨살로
쩔름쩔름
어루만진다

바람에 몸 실어
할매는
중절중절
지청구를 늘어놓는다

"소 팔아"
"안 팔아"

시간을
비게질하며
음매
음매

처진 눈에
철퍼덕 주저앉아
글썽
글썽.

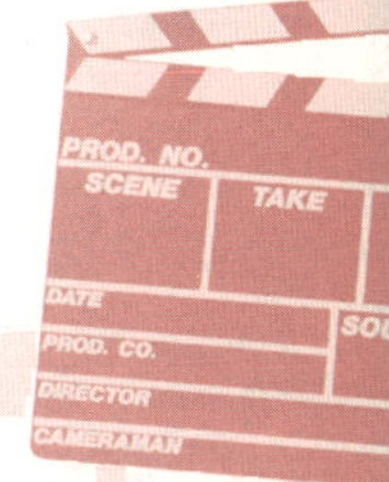

워낭소리

• **감독** 이충렬 **출연** 할아버지 최원균(80), 할머니 이삼순(77), '음매' 소(40)
상영시간 75분 **등급** 전체 관람가 •

숨막힐 듯 삭막한 세상에서 맑은 영혼을 봤다. 초록 논에 물이 돌 듯 온기를 전하는 사랑의 울림이다. 팔순 농부와 마흔 살 소, 삶의 모든 것이 기적이다.

평생 땅을 지키며 살아온 농부 최원균 할아버지. 오로지 소를 이용해 농사짓는 천연기념물 같은 농부이며 우리의 아버지다. 기계를 사용하면 더 많이 수확하고 편한 것을 알지만 매일 묵묵히 소를 몰고 논으로 나간다. 가난도 늙음도 소와 함께라면 힘들지 않다. 할아버지에게는 30년을 부려 온 소가 있다. 보통 소의 수명은 15년 정도인데, 이 소의 나이는 무려 마흔 살이다.

이 소는 할아버지의 절친한 친구이며, 최고의 농기구이고 유일한 자가용이다. 귀가 잘 안 들리는 할아버지지만 소의 워낭소리만은 놀랍게도 잘 듣는다. 다리를 절름절름거리지만 소 먹일 풀을 베기 위해 매일 산에 오른다. 무뚝뚝한 할아버지와 무덤덤한 소지만 둘은 서로를 인정하고 공감하는 환상의 친구다. 소는 폭우로 지붕이 무너져도 할아버지가 깰까봐 조용히 장맛비를 견뎌낸다. 우시장에 팔아 버리려 해도 묵묵히 따라 나선다. 할아버지가 머리가 아프다고 하면 정말 알아듣는 것 같다. 소는 할아버지 내외를 위해 묵묵히 전부를 바친다. 마치 아낌없이 주는 나무처럼 말이다. 사람보다 속 깊은 사랑과 믿음을 가졌다.

할머니 이삼순은 열여섯에 시집을 와서 9남매를 키웠다. 일흔이 넘었다는 게 믿기지 않을 만큼 짱짱하다. 할머니는 늘 할아버지에게 지청구를 늘어놓는다. "소 팔아!" "안 팔아!" "언제나 내 팔자가 피려나, 농사가 우예 되든지 맨날 소꼴만 베고……." 할아버지가 고장난 라디오를 두들기자 "라디오도 고물, 영감도 고물"이라며 놀린다. 사진관에 가서 영정 사진을 찍을 때 좀 웃으라는 사진관 주인 말에도 좀처럼 웃지 않는 할아버지를 보고 버럭 "웃어!" 하고 악을 쓴다. 유머가 따로 없다. 다큐를 지루하지 않게 하는 비타민이다.

땡그렁땡그렁 울리는 워낭은 단순히 방울 소리가 아니다. 한 시대를 먼저 살아간 우리 아버지의 맥박이다. 그리고 추억을 되씹는 현대인들의 심장 소리다. 또한 세대와 세대를 이어 주는 떨어질 수 없는 이음쇠다.

이충렬 감독은 43세의 미혼이다. 그래서 그동안 아버지께 빚진 마음으로 이 영화를 찍었다. "워낭소리는 우리의 기억 속에 화석처럼 잠들어 있는 유년의 고향과 아버지와 소를 되살리는 주술과도 같다. 삶의 내리막길에서 빚어낸, 어쩌면 이 시대 마지막이 될지도 모르는 소와 아버지의 아름다운 교감과 눈물겨운 헌신을 그리고 싶었다"고 말한다. 산골마을에서 3년간의 작업을 통해 사라져가는 워낭소리를 재발견한 것이다.

〈워낭소리〉는 개봉한 지 2개월 만에 200만 명의 관객을 넘어섰다. 전 세계 영화계의 온도를 올려 버린 셈이다. 영화자본에 휘둘리지 않고서도 흥행에 성공할 수 있다는 독립영화의 새 지평을 열었다. 그래서 독립 영화는 한국영화의 희망이며 미래다.

한국교회 역시 외롭지만 번영의 신학, 축복의 신학, 거짓된 희망을 노래하지 말고 차근차근 세상을 향해 하나님 나라 운동을 펼쳐야 한다. 개혁교회인 우리의 정체성을 회복할 때다. 열매 없이 잎만 무성한 교회가 되어서는 안 된다.

의리와 의심 사이
이 놈을 믿어도 될까?

의형제
義兄弟

2010년 2월 4일 대개봉 〈영화는 영화다〉 장훈 감독 송강호 + 강동원

'의형제'

쫓고 쫓기는
순간들이

타는 가슴으로
마주치고

밤새도록
낌새를 모르는 척
몸을 뒤척이고

진절머리 난
피울음이
찢어진 슬픔을
다독거리고

휘몰아쳐 온
그리움이
서러운 지난날의
서걱거리는 마음을
털어내고.

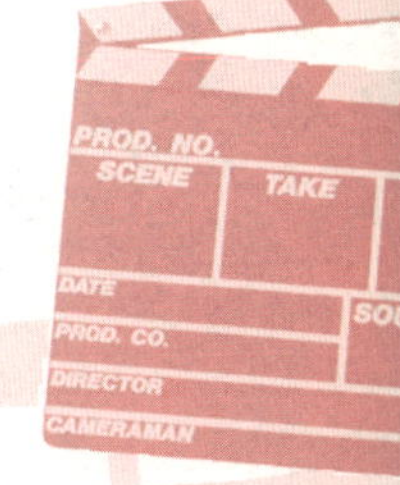

의형제

• **감독** 장훈 **출연** 송강호, 강동원, 박혁권 **상영시간** 116분 **등급** 15세 관람가 •

마음보다 먼저 봄이 온 듯하다. 새순이 파릇파릇 움트는 자연의 봄은 우리 곁에 성큼 다가오고 있다. 하지만 역사의 봄은 멀고, 통일의 봄바람은 차갑기만 하다. 이러한 아픔의 마음을 보면서 내가 선택한 영화가 있다. 바로 〈의형제〉다.

서울 한복판에서 6년 전 일어난 의문의 총격전이 있었다. 바로 국정원 요원 한규(송강호)와 남파 공작원 지원(강동원)은 그곳에서 처음 만난 두 남자다. 영화 〈의형제〉는 처음부터 버디무비의 정석을 보여 준다. 남과 북으로 갈린 두 남자의 성분과 성격, 서로 자신의 모습을 알까봐 전전긍긍하는 태도, 결국 각자의 임무를 수행하는 운명적인 것 등이 줄곧 두 남자의 이야기로 진행된다. 남한에서 활동 중인 북한 공작원 지원은 킬러 그림자(전국환)를 따라 배신자 처단에 동행하는 자다. 그림자를 노리던 국정원 요원 한규는 금세 냄새를 맡고 독단적인 추적에 나선다. 혼란스러운 암살의 현장에서 스쳐 지나간 남과 북의 가장 집요한 남자들이 만났다.

북한의 공작원은 군더더기 없는 몸짓으로 상대를 제압하면서 피도 눈물도 없는 냉혈한 암살자를 보조하는 인물이다. 남한의 국정원 요원은 그저 여유와 웃음으로 넉넉하게 살아가는 인간적인 매력을 가진 동물적 본능을 앞세운다. 서로의 성격이 다르다. 하지만 공통점은 가족과 떨어져 사는 것이다. 한규는 이혼으로 별거하면서 산다. 지원은 북에 두고 온 가족들의 생명이 자기 손에 달려 있는 것이다. 또한 작전 실패의 책임을 지고 한규는 국정원에서 파면을 당한다. 그리고 지원은 배신자로 낙인이 찍혀 북에서 버림을 받는다.

6년 후 우연히 마주친 두 사람은 서로의 신분을 속이고 함께한다. 지원은 도망간 동남아 신부들을 찾아주는 흥신소 일을 하고 있는 한규의 일을 거들게 된다. 각자의 목적을 위해 함께하지만 처음부터 적인 줄 알았던 두 남자. 그러나 시간이 지날수록 친구로서, 남자로서 서로를 이해하기 시작한다. 그러던 어느 날 지원에게 6년 전 그날처럼 북으로부터 지령이 내려오게 된다. 이제 한규와 지원은 인생을 건 마지막을 선택한다. 결국 의리와 의심 사이에서 그들은 아름다운 의형제가 된다.

나는 이 영화를 보면서 요셉과 형들이 애굽에서 만난 장면을 떠올렸다. 물론 하나님께서 개입하신 것은 사실이지만 서로 입맞추고 얼싸안고 용서와 화해하는 모습. 형제가 연합하여 동거함이 어찌 그리 선하고 아름다운지요. 두 사람이 분단이라는 전제 조건 아래 쫓고 쫓기는 관계이지만 결국 〈의형제〉의 초점은 피는 물보다 진하다는 사실이다. 분단을 다루면서도 국가적인 임무보다는 이데올로기를 뛰어넘는 인간에 대한 애정, 특히 가족애를 볼 수 있다. 이 영화에는 여성 캐릭터가 없다. 하지만 총체적으로 보면 무수한 이주 여성들을 만나게 된다. 필리핀, 베트남 등 동남아에서 팔려온 여성들의 쫓기는 얼굴, 절박한 표정들을 통해서 그들의 상처를 확인할 수 있다. 그리고 그들과 부딪치는 의형제의 뜨거운 연대의 시간을 통해서 따뜻한 인간의 사랑을 확인할 수 있다.

"성실과 진실이 함께 만나리라. 정의와 평화가 얼싸안고 입 맞추리라. 진실이 땅에서 움트리라. 정의가 하늘에서 굽어보리라"(시 85:10-11 참고). 분단의 형제들이 서로 다독거리며 안아 주는 모습을 주님께서 보실 때 얼마나 기뻐하실까 하는 생각을 해본다. 〈의형제〉는 스릴러, 액션, 코미디, 휴먼 드라마 등을 자유자재로 오간다. 감독인 장훈은 〈영화는 영화다〉로 극찬받았던 감독이다.

142명의 배우와
229명의 스탭들이
노근리 사건을 기억합니다.
한국전쟁 노근리 사건 최초 영화화
작은연못
A LITTLE POND
문성근 전혜진 신명철 김뢰하 김승욱 이대연 강신일 민복기 박광정
www.alittlepond2010.co.kr
2010년 4월 15일, 숨겨진 그날의 비극이 드러난다!

'작은 연못'

순박한 산골짜기
바위골 작은 꽃들이
피난 떠난 자리에

뜨거운 사랑과
피눈물 범벅 되어
숨 막히는 갈림길에

쌍굴에 쏟아진
구멍 뚫린 기억 묻어둔
산자락 기찻길에

아직도 아물지 않은
시린 가슴 만지작거리는
뒤안길에.

숨겨진 그날의 비극이 드러난다

작은 연못

• **감독** 이상우 **출연** 문성근, 전혜진, 신명철 **상영시간** 86분 **등급** 15세 관람가 •

주님의 고난을 묵상하는 고난주간에 내게는 민족의 십자가인 분단의 아픔을 영화로 확인하는 시간이 있었다. 바로 노근리 사건을 영화화한 〈작은 연못〉이라는 작품이다. 노근리 사건은 한국전쟁 중에 남하하던 피난민에 대한 미군의 무차별 폭격사건이다. 500여 명의 민간인 중에 25명만이 살아남았다. 이는 베트남의 밀라이 사건과 더불어 20세기 최대 규모의 민간인 학살사건으로 기록되어 있다.

소풍처럼 떠난 피난길이다. 한국전쟁 초 1950년 7월, 한반도 허리쯤에 위치한 충북 영동군의 산골짜기 마을 대문 바위골. 미군이 패하면서 전선은 읍내까지 내려온다. 마을에는 소개령이 내려진다. 순박한 산골짜기 사람들은 미군이 보호해 줄 것이라는 믿음으로 7월 땡볕 아래 피난길에 오르지만 그들 머리 위로 폭탄이 떨어지고 방어진지에 있던 병사들은 이들을 향해 난사를 시작한다. 마을 사람들은 도대체 총구가 왜 자기들에게 향하는지 이유도 모른 채 쓰러져 간다. 그리고 그해 가을, 아이들은 대문 바위골로 돌아온다.

〈작은 연못〉은 한국전쟁의 비극을 다룬 영화다. 1999년 AP통신 기자들의 '노근리 사건' 특종 보도 이후 4년에 걸쳐 현지 답사와 생존자 및 유가족 인터뷰 등을 통해 자료를 조사했다. 그리고 3년여의 시나리오 작업 과정을 거쳤다. 그토록 참혹했던 그날은 한국전쟁 60년 만인 2010년, 8년이라는 긴 시간을 통과하고 우리 앞에 선 것이다. 2010년 4월 15일 개봉이지만 광주에서 시사회를 하게 되었다. 여기에 문익환 목사의 아들인 배우 문성근 씨가 홍보차 왔다. 함께 사진을 찍으면서 포스터에 '사람 사는 세상' 이라는 글을 받게 되었다. 정말 사람 사는 세상이 그립다. 나는 〈작은 연못〉을 보고 난 후 먹먹했다. 비극적인 일이 그토록 평화로운 마을에 발생한 이유가 무엇인지 정부도 미국도 밝히지 않고 있다. 하지만 가장 본질적인 것은 인간의 탐욕에 있다. 전쟁의 역사는 바로 인간의 탐욕의 역사이다. 이 글을 쓰면서 《영화로 보는 20세기 전쟁》이라는 책을 본다. 모든 전쟁의 근원에는 인간의 탐욕이 자리 잡고 있다. 지금 우리는 20세기를 지나 21세기를 살아간다. 사실 21세기의 관심은 경제다. 그러나 시장경제가 전쟁이다.

영화 〈작은 연못〉은 1950년 대한민국의 산천과 들판, 마을의 느낌부터 피난민들을 생사의 갈림길로 몰아넣었던 기찻길 위 무차별 공중 폭격과 쌍굴 총격 현장을 생생한 영상으로 되살렸다. 너무 슬프고 가슴이 아린 장면들뿐이다.

문성근, 강신일, 고 박광정, 김승욱, 전혜진 등 출연진 대다수의 공통점은 이상우 감독과 함께 작업하기 위해 모였다는 것이다. 여기에 특별 출연한 송강호, 문소리, 유해진 등도 이상우 감독의 전화 한 통에 바로 출연을 결정했다고 한다. 그들의 자발적인 출연과 끈끈한 유대감은 촬영 현장에 따뜻한 기운을 더했다.

각본 감독 이상우는 "이 영화는 세계 영화 사상 가장 처절한 전쟁영화가 될 것이다. 60년 전 노근리 주민들이 겪었던 3박 4일의 이야기는 오늘의 거울이 될 것이며, 인류의 기본 명제이자 숙제인 평화와 인권의 중요성을 다시 한 번 상기시킬 것이다"라고 말했다. 이 감독은 원래 한국의 대표적인 연극연출가다. 〈작은 연못〉을 통해 영화감독으로 데뷔하는 그가 스크린을 통해 왜곡된 전쟁의 참상을 객관적인 시선과 따뜻한 감성으로 보듬어 낸다. 전쟁 없는 하나님 나라를 기도한다.

딱 한 놈만 살아남는다!
좋은놈
나쁜놈
이상한놈
〈장화, 홍련〉〈달콤한 인생〉 김지운 감독작품 송강호 이병헌 정우성
2008.7
www.3nom.co.kr

'좋은 놈 나쁜 놈 이상한 놈'

숨 막히는 시간들이
불꽃을 뿜어낸다
쫓고 쫓기며

한 번 찍은 것은
결코
포기하지 않는
놈

차디찬 마음에
도저히
참을 수 없는
놈

넘어졌다 일어났다
아슬아슬
대륙을 누비는
놈

이글거리는
시선들이 각자
욕망의 끄트머리 잡고서
쫓고 쫓기며.

좋은 놈 나쁜 놈 이상한 놈

• **감독** 김지운 **출연** 송강호, 이병헌, 정우성 **상영시간** 140분 **등급** 15세 관람가 •

1930년대 다양한 인종이 뒤엉키고 총칼이 난무하는 무법천지 만주의 축소판이다. 만주는 어떤 공간이었을까? 일제의 억압과 가난 속에서 수많은 유민이 중국 대륙으로 떠났다. 그중 상당수는 개척되지 않은 만주 벌판에 정착했다. 대규모 철도사업과 공장이 건립됐던 만주는 조국을 등진 이들에게는 기회의 땅이 되었다. 제국열차 안에서 각자 다른 방식으로 격동기를 살아가던 조선의 풍운아, 세 명의 남자가 운명처럼 맞닥뜨린다. 한반도에서 튕겨나와 만주를 무대로 거칠게 삶을 꾸려가기에 김치 웨스턴이라고도 부를 수 있다.

정체불명의 지도 한 장을 찾으려는 잔혹한 나쁜 놈 박창이(이병헌)다. 목표를 위해서는 살인도 밥 먹듯 저지를 수 있는 냉혈한 마적 두목이다. 죽을 수는 있어도 질 수는 없는 강한 자존심의 소유자다. 또한 우연히 지도를 손에 넣은 이상한 놈 윤태구(송강호)다. 말 대신 오토바이로 만주 벌판을 누빈다. 말썽의 진원지에 늘 존재하며 잡초 같은 생명력으로 언제 어디로 튈지 알 수 없다. 그들의 뒤를 쫓는 현상금 사냥꾼 좋은 놈 박도원(정우성)이다. 맹수, 현상수배범 등 돈 되는 건 뭐든 사냥하는 당대의 명사수다. 사냥꾼답게 사정거리가 길고 명중률이 높은 라이플과 샷건을 애용한다. 한 번 찍은 목표물은 결코 포기하지 않는다. 이들은 서로의 정체를 모르는 채, 태구가 제국열차를 털다 발견한 정체 모를 지도를 차지하기 위해 대륙을 누비며 추격전을 펼친다. 일본군과 마적단까지 이들의 레이스에 가담하게 되는 대 혼전. 과연 최후의 승자는 누가 될 것인가?

스토리는 이것이 전부다. 눈을 만족시키는 오락영화일 뿐이다. 유머 감각과 액션이 탁월하다. 나는 이런 유의 영화에는 흥미가 없다. 하지만 500만 이상이 이 영화를 보고 있다. 대중은 그저 재미있는 영화를 욕망한다. 나의 편식도 생각해 볼 겸 보았다. 배우 송강호가 "한국에서도 이런 스케일로 대중오락영화를 만들 수 있다는 걸 확인하고자 만든 영화이며, 그것이 목적이라면 합격점이다"라고 말한 것처럼 말이다. 물론 인생은 오락이 아니지만 오락 없는 인생은 생각할 수 없다. 오락도 하나님이 주신 선물이다. 창문 없는 집을 생각할 때 얼마나 답답하겠는가?

김지운 감독은 〈조용한 가족〉에는 부조리한 정서를, 〈장화 홍련〉에는 슬픈 정서를, 〈달콤한 인생〉에는 허허롭고 쓸쓸한 결핍의 정서를 깔아 놓은 감독이다. 그는 "내가 보고 싶고 만들고 싶은 영화는 매번 짜릿한 영화적 순간들로부터 시작된다. 그중에서도 웨스턴의 순간들, 삭풍이 부는 황야, 홀로 걸어오는 총잡이, 순간적으로 불을 뿜는 총구, 추풍낙엽처럼 쓰러지는 악당들, 총을 뽑기 직전의 숨막히는 정적 속에서 이글거리는 시선들, 드넓은 광야에서 쫓고 쫓기며 질주하는 건맨들, 매번 보았고 익숙한 클리쉐임에도 불구하고 볼 때마다 넋을 잃게 만들고 심장을 박동시킨다. 인간의 욕망은 무언가를 쫓아 질주하게 만든다. 그리고 그 욕망의 끄트머리를 잡아 누군가가 쫓아온다. 그런 모습이 우리의 사는 모습이라고 보았고, 그것을 가지고 하나의 질주극, 황야의 대추격전을 만들어 보았다"라고 말한다. 〈좋은 놈 나쁜 놈 이상한 놈〉은 한국영화 초유의 흥분되는 프로젝트 웨스턴이라는 낯선 장르다. 박진감 넘치는 액션에 더해 원초적인 즐거움을 새롭게 전달할 것이다.

교계에도 선거철마다 좋은 놈, 나쁜 놈, 이상한 놈이 있다. 물론 주님께서 보실 때 다 똑같은 놈이지만 그 가운데서도 주님 마음에 합한 자는 있을 것이다. 우리를 슬프게 하는 현실이지만 우리는 무엇을 찾기 위해 이처럼 아등바등 살아가는지 여름을 갈무리하면서 생각해 봄직하다.

그 날, 우리는 살기 위해 헤어졌습니다

131일간의 간절한 약속, 8천km의 잔인한 엇갈림

크로싱

WWW.CROSSING2008.CO.KR

2008년 6월초 대한민국에만 있는 슬픈 진실이 공개 된다!

'크로싱(꽃제비)'

시린 창자
살점 저미어
절절히 앓네

애끓는 눈물
밤새 흥건히
베개 적시네

식어 버린 피
정지된 숨소리에
우주가 부서지네.

크로싱

• **감독** 김태균 **출연** 차인표, 신명철, 서영화, 정인기 **상영시간** 112분 **등급** 12세 관람가 •

"하나님도 잘사는 나라에만 계신 것 아닙니까?" 북측에 있는 결핵에 걸린 아내가 죽었다는 소식을 듣고 용수(차인표)가 울부짖으며 한 말이다.

〈크로싱〉은 탈북자의 가족이야기다. 지난 2002년 탈북자 25명이 베이징 주재 스페인 대사관에 진입한 사건에서 시작해 작고 큰 탈북자들의 실화로부터 집약된 것이 잔인한 엇갈림이 된 〈크로싱〉이다.

김태균 감독(온누리교회 출석)은 '하나님이 만드신 기독교 영화' 라고 말한다. "10년 전 한 다큐멘터리에서 꽃제비(일정한 주거도 없이 떠돌아다니는 북측 어린이들)라고 불리는 대여섯 살 된 어린이들이 시궁창 물에 국수를 말아 허겁지겁 먹고 있는 모습을 보게 됐다" 면서 "그 순간 예수님이 북측을 보고 울고 계실지도 모른다는 생각이 들었고, 나도 함께 울어야 한다는 생각이 들어 영화를 만들게 됐다" 고 그는 말한다. 〈크로싱〉은 그의 삶을 다시 생각하게 하는 작품이 되었다고 덧붙인다. 가난과 굶주림으로부터 도망치려는 그들의 사활을 건 도주를 한 가족의 이야기로 집약한 것이다.

함경도에 사는 용수는 평범한 가장이다. 그리고 모범적인 북조선의 인민이다. 한때는 도 대표 축구선수로 활약해 수령님의 훈장까지 받았던 사람이다. 용수는 열한 살 난 아들 준이(신명철)와 아내(서영화)를 먹여 살리기 위해 탄광에서 열심히 일한다. 그러나 생활은 궁핍에서 헤어나질 못한다. 특히 아내가 임신한 상태에서 결핵으로 눕게 된다. 용수는 약과 밥을 구하기 위해 중국행을 결심한다. 그리고 인터뷰를 하면 돈을 준다는 소식을 듣고 단순히 그것에 응하려다 한국으로 오게 된다.

용수는 남측에서 돈을 벌지만 북측에 있는 가족에게 미안해 마음껏 먹고 누리지 못한다. 아내와 아들이 굶어 죽어 가는데 어찌 그 입에 음식이 넘어갈 수 있겠는가. 언젠가 아내에게 전해 주리라는 희망을 안고 결핵약을 사러 약국에 갔는데 1차 결핵약은 보건소에서 무료로 준다는 소식을 듣게 된다. 북측에서는 약을 구하기 힘들어 목숨을 걸고 국경을 넘는데 이게 무슨 이야기인가. 그저 놀라울 뿐이다.

용수는 중국의 브로커를 통해 가족을 남측으로 데려오려고 계속 시도한다. 하지만 아내는 죽고 만다. 열한 살 난 준이는 어머니가 죽은 후 아버지를 찾아 나서 우여곡절 끝에 브로커를 통해 몽골까지 간다. 아버지 용수는 아들에게 줄 축구공을 사서 아들을 만나길 기다린다. 그 기다림이 얼마나 설레고 간절했던지 브로커를 통해서 열차로 가는 중인데 아버지는 계속 아들 목소리를 듣고 싶어서 전화를 한다. 드디어 같은 나라에 있어 만남을 눈앞에 두지만 잔인한 엇갈림이 계속되고, 결국 준이는 그 허허로운 사막에서 죽고 만다.

〈크로싱〉은 살기 위해 떠날 수밖에 없었던 아버지 용수와 그를 찾아 나선 열한 살 아들 준이의 잔인한 엇갈림을 그린, 가슴이 저려오도록 슬픈 실화다. 아니, 나는 이 영화를 보면서 화가 났다. 잔인한 엇갈림 크로싱, 새터민들의 삶과 북측의 삶에서 예수님이라면 어떻게 하셨을까? 하나님은 남한에만 계시는가? 말씀을 더듬더듬 읽는 용수가 주님을 영접했을까?

살기 위해 헤어질 수밖에 없었던 사람들의 가슴 시린 크로싱. 감독은 말한다. 남측이 빨리 손 내밀고 그들에게 다가가야 세상이 변화될 것이라고. 한국교회는 지금 굶어 죽어 가는 우리 동포를 위하여 무엇을 해야 할 것인가를 〈크로싱〉은 묻고 있다.

그들은 도전했고,
마침내 세상을 들었다
무쇠팔 무쇠다리, 내 인생의 코치
킹콩을 들다
이범수 조 안 이윤희 최문경 전보미 김민영 이슬비
7월 2일 대개봉

'킹콩을 들다'

아린 가슴들이
쓰리고 저린 상처를
어루만지작거리네

벅찬 훈련에
땀방울이 우수수
시들어진 몸뚱이 위에 흘러내리네

심장은 쿵쿵거리고
찢어진 시간에
꿈 다칠세라
비단 날개 덮어 주네

보타지고 얇아진 지구를
번쩍 치켜드는
황홀한 몸짓에
마음이 쿵쾅거리네.

킹콩을 들다

• **감독** 박건용 **출연** 이범수, 조안, 이윤희 **상영시간** 120분 **등급** 전체 관람가 •

실화를 모티브로 한 진실한 감동을 만날 수 있는 영화다. 2천 년 전국체전에서 14개의 금메달을 휩쓸며 불멸의 신화를 완성한 순창고 역도부 선수들이다. 그 뒤에는 맨땅에서 역기를 빌려 훈련하면서도 아버지처럼 따뜻하게 선수들을 길러낸 스승이 있었다. 바로 이지봉(이범수)이다. 그는 과로성 뇌출혈로 순직한 고 정인영 선생님을 밑그림 삼아 완성했다. 이처럼 영화는 실제 시골 여중 역도 코치 이야기를 그렸다. 역도 선수들의 다양한 경험과 역도 지도자의 이야기를 한데 버무려 진실한 감동을 준다.

가진 것 없지만 밝고 씩씩하게 역경을 이겨내고 진정한 역도선수로 거듭나는 시골 여중 소녀들과 역도 코치 이지봉이다. 역도 선수에게 남는 건 부상과 우락부락한 근육뿐이라고 믿는 역도 동메달리스트 이지봉이다. 그런 그가 시골 여중의 역도부 코치로 발령받았다. 통자 허리에 짧고 굵은 목에 타고난 역도 체격을 가진 영자, 빵이라면 사족을 못 쓰는 빵순이 현정, 섹시한 역도복이 무조건 좋은 민희, 엄마를 위해 팔 힘을 기르겠다는 여순, 힘쓰는 일이 천성인 보영, 하버드 로스쿨에 입학하기 위해 특기 점수가 필요한 수옥. 이 여섯 명의 소녀들은 모두 자신만의 아픔을 가지고 있다. 영자는 고아다. 현정은 왕따를 당한다. 그리고 여순은 아픈 엄마를 걱정하며 산다. 이처럼 상처를 가지고 있는 소녀들에게 바벨을 머리 위로 애써 들어올리는 행위는 소녀들의 아픔과 더불어 상징적인 의미를 가진다.

시골 소녀들은 추운 날씨에도 역도복 하나만 달랑 걸친 채 운동장에 집합하는가 하면 처음 출전한 대회에서 똥을 싸는 민망한 실수를 범하기도

한다. 평균대 위에서 균형감각 키우기, 추운 겨울 개울가 빨래로 팔 힘 키우기 등 기상천외하고 저렴한 방법으로 역도를 익히는 역도 소녀들의 순수하고 밝은 웃음과 그 속에 숨겨진 각자의 꿈들이 유쾌한 웃음과 감동을 준다. 이처럼 풋풋한 소녀들이 역도의 맛을 알아가는 과정이 감동 그 자체다. 때로 힘들고 어려워도 이 코치의 격려에 힘을 얻는다. 그런데 영자를 비롯한 일부 학생들이 고교에 진학하면서 갈등이 시작된다. 이지봉과 대립하던 여고의 역도 코치 심상환(김산)은 전 코치 이지봉을 무조건 부정하고 그들을 갈라놓는다. 손찌검과 발길질, 폭언 등 무자비하고 모멸적인 행사 속에 소녀들은 힘을 잃는다. 그럴수록 그들은 중학교 역도 선생님을 생각한다.

함석헌의 〈그 사람을 가졌는가〉란 시 한 토막이 생각난다. "온 세상 다 나를 버려 마음이 외로울 때에도 '저 맘이야' 하고 믿어지는 그 사람을 그대는 가졌는가."

결국 선생님은 죽음을 앞두고 사랑하는 제자들에게 편지를 쓴다. 구체적인 사랑과 격려의 편지다. "동메달을 땄다고 인생도 동메달이 아니다. 금메달을 땄다고 그 인생이 금메달은 아니다. 매순간 포기하지 않고 최선을 다 한다면 그 자체로도 소중한 가치가 있는 것이다. 바벨이 무거워도 삶의 무게보다는 가볍다." 이처럼 주님도 우리에게 구체적으로, 개별적으로, 인격적으로 다가오신다. "우리가 그를 전파하여 각 사람을 권하고 모든 지혜로 각 사람을 가르침은 각 사람을 그리스도 안에서 완전한 자로 세우려 함이니"(골 1:28). 그들은 바벨을 들어올릴 때마다 선생님의 글을 생각하면서 최선을 다한다. 지금도 우리의 삶이 버거울 때마다 우리에게 용기를 주는 그분의 말씀이 계신다.

〈태풍〉의 조감독을 거친 박건용 감독은 곽경택 감독에게 들은 소재에서 힌트를 얻어 첫 장면 시나리오를 직접 쓰고 감독했다. 그들은 도전했고, 마침내 세상을 들었다. 이제 세상을 들고 우뚝 일어서라.

최진실
박신양
80만명을
울린감동의
편지한통!
이제 당신에게 배달됩니다
the letter
편지
서울극장
개봉작

'편지'

숲속의 황홀함이
애잦는 하얀 밤을
태워 버린다

발그레한 빛깔처럼
그리움의 재가 되어

빈 가슴을
먹빛으로 색칠하며

붙들어 둘 수 없기에
차라리

솟구치던 핏물을
가슴에 채워.

편지

• **감독** 이정국 **출연** 최진실, 박신양 **상영시간** 109분 **등급** 15세 관람가 •

윤동주 시인의 〈편지〉란 시가 있다. "그립다고 써보니 차라리 말을 말자. 그저 긴 세월이 지났노라고만 쓰자. 긴긴 사연을 줄줄이 이어 진정 못 잊는다는 말은 말고 어쩌다 생각이 났노라고만 쓰자. 잠 못 이루는 밤이면 울었다는 말은 말고 가다가 그리울 때도 있었노라고만 쓰자."

가을에는 누구나 시인이 된다. 시인이 되면 한 통의 편지를 쓰고 싶은 마음이다. 나는 목회자 몇 분과 함께 뜻있는 분들과 시 수업을 한다. 한실문예창작대학에서 박덕은 선생님을 모시고 한다. 10월에 등단하는 정종득 목사(은하수), 조점화 목사(들국화), 허소영 목사(꽃잎사랑) 등이 시인으로 탄생한다. 이분들을 축하하면서 최진실이 출연했던 〈편지〉라는 영화기행을 하려고 한다. 특히 고 최진실의 자살 충격은 우리 사회는 물론 특히 기독교계에 큰 충격을 주었다. 최 씨가 기독교인이고, 이은주, 유니, 정다빈, 안재환 등 자살 연예인이 모두 기독교인이기 때문이다. 더 이상 교회는 율법만 강조하지 말고 영혼을 살리는 교회가 되어야 한다.

20년 동안 정상을 지킨 톱스타 고 최진실은 드라마 〈우리들의 천국〉, 〈질투〉, 〈별은 내 가슴에〉와 영화 〈나의 사랑 나의 신부〉, 〈미스터 맘마〉, 〈마누라 죽이기〉, 〈편지〉 등을 통해 국민의 사랑을 받았다. 하지만 배우로서는 성공가도를 달렸지만 인생은 순탄치 않았다. 이혼의 아픔, 우울증, 사채괴담 등. 하지만 〈장밋빛 인생〉으로 재기를 했다. 교회도 다니고 하나님을 믿었다. 그러나 마지막 작품인 〈내 생애 마지막 스캔들〉이란 드라마 제목처럼 인생의 스캔들이 되었다. '자살' 은 거꾸로 읽으면 '살자' 이다. 주님께서는 어떤 죄를 저질렀어도 주님께로 돌아오면 용서하신다. 용서받을 수 없는 마지막 선택이 그저 안타깝기만 하다.

30여 년을 서로 모르는 채 살았던 남녀가 만나 한 집에서 살게 된다. 최고의 사랑을 만들고 싶은 조환유(박신양)와 그 사랑을 잘 받아 안을 줄 아는 이정인(최진실). 이제 그녀는 그의 맑은 눈으로 세상을 본다. 동화 속 주인공처럼 만나 온 마음으로 사랑하는 두 사람. 그 남자의 사랑이 너무 완벽하고 행복하여 불행이 시작된 걸까? 수목원의 임업연구원인 환유와 햇병아리 대학 강사인 정인은 숲속의 집에서 달콤한 신혼살림을 시작한다. 경춘선의 작은 기차역, 지갑과 기차표를 떨어뜨린 것도 모른 채 기차에 올라탄 정인을 환유가 총알택시로 쫓아오면서 만나 백년가약을 맺은 사이이다. 수목원 관사에 마련한 신혼집을 치장하거나, 도깨비 시장에서 나무 주걱과 때수건을 사거나 혹은 삐삐 주전자에 커피를 끓이는 일마저도 환유와 정인에겐 사랑의 다른 표현일 뿐이다.

행복이 한꺼번에 밀려왔던 것처럼, 이제 다시 예고 없는 불행이 닥친다. 남편 환유의 뇌종양 진단으로 그들의 결합은 짧은 행복으로 끝난다. 짧은 사랑의 기억을 남겨둔 채 남편은 떠나고, 아내만 남겨진다. 온통 기대 왔던 어깨를 잃어버린 정인은 그 사람처럼 떠날 채비를 한다. 그런 그녀 앞에 한 통의 편지가 도착한다. 바로 죽음을 예감한 남편이 아내에게 매일 썼던 편지다. 그 편지는 그가 죽은 후 미리 부탁을 받은 역무원에 의해 아내 정인에게 매일 배달된다. 그토록 사랑하고 행복했던 그들에게 이토록 아픈 사랑이 다가온 것이다. 하지만 한 통의 편지가 사막의 오아시스처럼 가슴을 촉촉하게 적신다.

이 가을에 사랑하는 사람에게 한 통의 편지를 자필로 쓰는 것도 가을을 풍성하게 하는 일이다. 이정국 감독의 사랑의 메시지가 전해진다. 오늘은 소중한 하루다. 오늘 하루 있음을 소중하게 생각해야 한다.

COMPETITION
줬다 뺏는건 나쁜거잖아요.
2010년 가장 격렬한 화제작
2010.05.13

'하녀'

거슬러 갈 수 없는
피맺힌 절규에

부러진 날개는
서걱거리는 흐름에

몸을 맡기고
스러질 듯 서 있는

슬픔이
치밀어 올라

얇아지고 천박한
세상을
온몸으로 꾸짖는다.

하녀

• **감독** 임상수 **출연** 전도연, 이정재, 윤여정, 서우 **상영시간** 106분 **등급** 청소년관람불가 •

나는 이 영화를 보고 지배와 피지배 관계에 관한 스토리에 분노했다. 물론, 화가 났을 때일수록 어떻게 해야 하는가 칭기즈칸을 통해서 교훈을 얻을 수 있다. 칭기즈칸에게는 애지중지 아끼는 매가 있었다. 어느 날 매를 데리고 사냥을 나갔는데 그날따라 소득이 없었다. 지치고 몹시 목이 마른 칭기즈칸은 마침 바위틈에서 떨어지는 물을 받아 먹으려 했으나 매가 번번이 방해하자 화를 참지 못하고 칼을 휘두르고 말았다. 뒤늦게 바위틈 물웅덩이에서 독사의 시체를 발견한 칭기즈칸은 크게 후회했다. 하지만 이 영화를 보면서는 이런 분노와는 질적으로 다른 분노가 일었다.

최고 상류층 대저택에 하녀로 들어온 은이(전도연)는 모든 것을 줄 수 있는 젊은 하녀다. 유아교육학과를 중퇴하고 결혼생활도 중퇴한 여자다. 식당 잡역부로 전전하다 상류층 부부의 하녀가 된다. 완벽한 주인집 남자 훈(이정재)은 모든 것을 가질 수 있는 남자다. 그리고 세련된 안주인 해라(서우)는 모든 것을 갖고 싶은 안주인이다. 나이 든 하녀 병식(윤여정)은 모든 것을 지켜보는 인물이다. 여섯 살 난 나미가 출연한다.

새로 들어온 젊은 하녀는 나이 든 하녀와의 생활이 낯설면서도 즐겁다. 그러던 어느 날, 은이는 자신의 방에 찾아온 훈과 육체적인 관계를 맺게 된다. 해라의 눈을 피해 가면서 격렬한 관계를 이어간다. 하지만 얼마 지나지 않아 병식이 그들의 관계와 은이의 임신 사실까지 눈치 챈다. 상황은 점점 위태로워진다. 결국 하녀는 주인 여자와 그녀의 친정 엄마 때문에 죽음의 고비를 넘긴다. 하지만 강제로 낙태를 당한 뒤 하녀 은이는 복수를 결심한다. 그것은 기꺼이 주인집 샹들리에에 목을 매달아 자살하는 거다.

〈하녀〉에 나오는 권력은 무지 돈 많고 잘생긴 남자다. 그것은 바로 자본의 법이다. 돈이 신앙처럼 되어 버린 것이다. 맘몬이 신이 되어 버린 현실 상황이 그대로 녹아 있다. 돈만 있으면 모든 것을 할 수 있다고 생각하는 황금 만능주의다. 대한민국 1퍼센트에 속하는 상류층의 모습이다.

늙은 하녀가 오랫동안 이 집에서 일해 오면서 자주 하는 이야기를 기억한다. '아더메치' (아니꼽고 더럽고 메스껍고 치사)다. 그런 세상이다. 그런데 그런 상황에서도 살아나는 법을 알고 있다. 그녀는 침묵으로 700평짜리 상상할 수 없는 대저택에서 일어나는 부조리한 일들을 마치 부엉이처럼 지켜보는 것이다. 나는 영화를 보면서 그냥 소리를 칠 뻔했다. 저건 인간의 삶이 아니고 노예다! 사실 지금 우리 모두는 하녀다. 돈의 노예다.

임상수 감독은 사회적 논쟁을 불러일으키는 감독이다. 여자들의 성 담론을 들이댄 데뷔작 〈처녀들의 저녁식사〉(1998), 〈바람난 가족〉, 〈그때 그 사람들〉부터 민주화운동의 그늘을 들여다본 〈오래된 정원〉(2006)까지 그가 만들어 낸 영화는 언제나 뜨거운 감자다. 뿐만 아니라 칸, 베니스, 베를린 등 3대 영화제를 휩쓸었다. 특히 〈하녀〉를 통해서 인간의 원초적인 욕망과 탐욕에 대하여 문제를 던진다. 물론 〈하녀〉는 1960년작 〈하녀〉를 리메이크한 것이다.

사람 냄새가 전혀 나지 않는 곳에 젊은 하녀는 적당히 사람 냄새가 배어 있다. 천민자본주의에서 속물 부르주아에게 희생당하면서 사는 순진한 프롤레타리아다. 이제 사회적인 하녀에 어떤 결심을 할 것인가, 아니면 아무 결심도 안 해야 할 것인가? 성경은 "사람이 떡으로만 살 것이 아니요 하나님의 입으로 나오는 모든 말씀으로 살 것이라" 고 말씀하신다.

그녀들의 목소리가
담장을 넘어 세상을 울립니다
단 하루의 만남을 위한 4년 간의 노래
하모니
김윤진. 나문희. 강예원. 이다희. 장영남. 박준면. 정수영. 감독 강대규
1월 대개봉!

'하모니'

담 안에
여러 성깔들이 모여
움츠린 속앓이하면서
울컥울컥

얼룩진 꽃잎들이
서로 얼러 주고
다독거리면서
울컥울컥

향기 배어나는
가슴속에서
울컥울컥

담장 넘어 저며 오는
상처 난 꽃
부둥켜안고
울컥울컥

서로 어울림으로
환한 울림으로
울컥울컥.

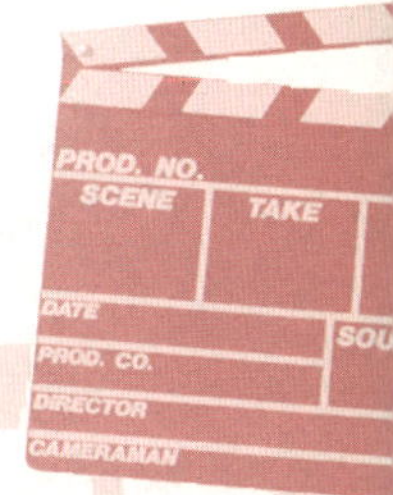

하모니

• **감독** 강대규 **출연** 김윤진, 나문희, 이다희, 장영남 **상영시간** 115분 **등급** 12세 관람가 •

단 하루의 만남을 위한 4년간의 노래다. 그녀들의 목소리가 담장을 넘어 세상을 울린다. 성깔 있는 여자들이 모인 그곳은 바로 가장 낮은 곳 교도소 감방이다. 홍정혜(김윤진)는 남편을 살해한 죄로 수감된 10년형 무기수다. 그녀는 교도소 감방에서 아이 민우를 낳는다. 그녀의 방에는 한때 음대 교수였으나 살인죄로 사형수가 된 노부인 김문옥(나문희)을 비롯해서 힘이 되어 주는 동료 죄수들이 있다.

어느 날 정혜는 필리핀 교도소의 춤추는 재소자들의 기사를 접한다. 바로 정혜는 교도소장을 찾아가서 합창단을 만들 수 있게 해달라고 청원을 한다. 과장은 시큰둥해하지만 끝내 소장은 허락을 한다. 이처럼 정혜의 아이디어로 우여곡절 끝에 청주여자교도소에 합창단이 꾸려진다(영화 사상 최초로 청주여자교도소에서 7일 동안 촬영을 한 것이다). 더불어 그 일이 잘되기만 한다면 정혜에게도 특박을 달라고 부탁한다. 어린 아들 민우와 함께 바깥 나들이하는 것이 합창단을 결성한 엄마의 소원이다. 정혜는 음치지만 어린아이를 생각해서라도 합창단을 성공시키려 한다. 문옥이가 지휘자가 되어 연습을 하지만 잘되지 않는다. 이때 깊은 상처로 세상과 단절한 고집불통의 성악 천재(강유미-강예원 분)가 들어온다. 분노로 가득한 그녀를 다독거리면서 결국 합창단에 합류하게 한다.

이처럼 하모니는 공동체적 휴머니즘으로 가슴 절절한 이야기 안에 웃음을 터뜨리게 하는 유머가 있다. 18개월이 되면 아기를 입양 보내야 하는 엄마 정혜와 생애 마지막 선물을 남기기 위해 합창단 지휘를 맡았지만 가족마저 등을 돌린 사형수 문옥. 깊은 상처로 세상을 향해 분노하는 유미. 프로레슬러 출신으로 알고 보면 순수한 사랑을 꿈꾸는 연실. 합창단 물을 흐리는 전직 밤무대 가수 화자. 합창단을 물심양면으로 돕는 정 많고 눈물 많은 신입교도관 나영 등이 하모니다.

나는 어울림을 통해서 세상을 다독거리는 하나님의 하모니를 본다. 우리의 삶은 색깔과 모양이 다를 뿐 누구나 본질적으로 죄인이다. 죄를 지어서 죄인이 아니라 죄인이기 때문에 죄를 지을 수밖에 없는 연약함이 있는 것이다. 가슴 울리는 아픔들을 서로 만지면서 〈하모니〉에는 그들이 들려주는 아름다운 합창곡처럼 인물 저마다의 사연과 개성이 골고루 영화에 녹아 있다. 남자에 상처받고 세상에 상처받았지만 여성의 이름으로 연대와 화해를 이루려는 그녀들이 어느 때보다 눈물나게 아름답다. 특히 뱃속의 아이를 지키기 위해 살인자가 되고, 감옥에서 홀로 아이를 낳아 키우다가 법에 따라 아이와 헤어져야만 하는 엄마의 가슴 아픈 이별은 영혼을 울린다. 씩씩한 엄마가 있는 한 세상은 외롭지 않을 것이다.

결국 사형수에 대한 집행이 있는 날. 모두는 가슴을 열고 울었다. 감방의 쇠창살 넘어 조용히 들리는 노래 "엄마 일 가는 길엔 하얀 찔레꽃. 찔레꽃 하얀 잎은 맛도 좋지. 배고픈 날 가만히 따 먹었다오. 엄마 엄마 부르며 따 먹었다오." 절망의 끝에서 붙잡은 한 줄기 빛. 이제나 끝나려나 하면 찾아오는 단 하루, 그 하루를 위해 절망의 끝에서 노래한다.

찔레꽃의 꽃말은 고독이다. 기댈 곳만 있으면 하늘을 향해 꽃을 피운다. 아픔을 안고 혼자만의 고독에 갇혀 살아가지만 합창을 통해서 서로 버팀목이 되어 하늘을 향해 꽃을 피워 가는 하모니다. 우리 모두는 하나님의 하모니로 세상을 헹궈 가는 음표가 되어야 할 것이다. 가장 낮은 곳에서 울리는 가장 큰 감동이 된 가슴 찡한 하모니다.

하고 싶은
말이 있습니다
해야 할 말이
있습니다
지금
들어주시겠습니까?
2007년 올해의 독립영화상
12회 부산국제영화제 최우수다큐멘터리상
58회 베를린국제영화제 포럼 초청
24회 바르샤바국제영화제 초청
핏빛 시대의
뜨거운 증언
할매꽃
Grandmother's Flower
http://blog.naver.com/halmekkot
2009년 3월, 어루만지고 싶은 시대의 아픔을 만납니다!

할매꽃

핏빛으로
쭈그리고 앉아 있는
꼬부랑 세월

서럽게 엎드려
차디찬 손길로
어루만지고 있다

한없이
봄들이 다녀갔지만

여전히
시린 가슴
화롯불 고여 있는
눈물의 응어리를 짜면서

허리 쭈욱
펴보지 못한 채

흰 머리칼 풀어
되레
세상을 다독거린다.

할매꽃

• **감독** 문정현 **출연** 나경순, 문정현 **상영시간** 89분 **등급** 12세 관람가 •

문정현 감독은 종교문제와 여성문제 〈슬로브핫의 딸들〉에 대한 관심이 많은 젊은 감독이다.

〈할매꽃〉은 외할머니 그리고 어머니의 지울 수 없는 역사의 상처를 보듬고 있다. 핏빛 시대의 뜨거운 증언이 세상을 두드리는 작품이다. 이야기하고 싶어도 차마 하지 못했던 한국 현대사의 비극이 우리 가족 안에 있다는 것이다.

감독은 작은 외할아버지의 죽음을 계기로 50년 넘게 대물림된 외할머니 그리고 어머니, 삼촌, 이모들의 가족사를 내밀하게 들여다본다. 평생 정신병으로 고생하던 작은 외할아버지가 돌아가신 후 감독은 우연히 그분의 일기를 보게 된다. 한 번도 들어 보지 못한 슬픈 가족사를 보게 된 것이다.

반세기 전 산골의 한 작은 마을에서 일어난 계급, 이념 간의 갈등이다. 또한 남, 북 그리고 일본 땅으로 흩어지게 된 가족들……. 질곡과 어둠을 들추어내는 이 영화는 시간에 밀려 떠내려가는 기록을 붙잡는 노력이다.

영화의 시작은 작은 외할아버지의 일기장이다. 무슨 의미인지도 모를 성경구절이 빽빽이 적힌 작은 외할아버지의 일기장을 발견한다. 30여 년이 넘게 하루도 빠뜨리지 않고 써 내려간 내용들이다. 의구심을 갖게 된 감독은 묻기 시작한다.

감독의 외할아버지 나연균 씨는 공산당 활동을 했다. 그리고 경찰에 잡혀갔다. 작은 외할아버지 나상균 씨는 형을 면회 갔다. 그때 경찰이 쏜 공포탄에 놀라 정신이 이상해진다. 이후 매일 술로 지낸다. 새벽 3시에 교회에 나가 종을 쳤다. 결국 자살로 인생을 마친다.

경찰에 잡혀갔던 외할아버지는 구치소에서 풀려난 뒤 빨치산 활동을 하게 된다. 외할머니 박순례 씨는 자식들과 함께 집에 남아 있는다. 공산주의 이념에 동조했지만 점점 기울어져 가는 집안을 세우기 위해 좌익활동을 정리한다. 전답을 팔아 자녀들을 키운다.

산에 숨어 있던 남편을 설득한다. 하지만 이념적인 죄책감에서 벗어나지 못한 외할아버지는 외할머니를 평생 원망하며 살아간다. 외할머니의 비극은 계속된다. 오빠와 남동생이 일제시대에 독립운동을 했다. 남북이 분열된 후에는 좌익활동을 한 것이다. 남동생은 일본에 건너갔다.

〈할매꽃〉은 큰 액자 속에 가족을 다 담기에 벅차기만 하다. 가족의 응어리진 아픔과 상처는 비단 감독의 가족만의 일은 아니다.

한국 근대사의 상처이며 한이다. 계급과 이념의 뿌리 깊은 상처의 결과이다. 무고하게 집단 학살된 민간인만 10만 명 이상이다.

6 · 25 전쟁 제1세대는 이 모든 비극의 기억을 마음속 깊이 묻어 버린 채 억척스럽게 자식을 키운 것이다. 제2세대의 자식들은 '연좌제' 의 고통이다. 몇십 년 뒤 전쟁을 체험하지 못한 제3세대 손자가 가족사의 상처를 건드린 것이다.

〈할매꽃〉은 독립영화상, 베를린 국제영화제, 포럼 부문 초청 등 세계 영화제에서 상영되었다.

쓰나미도 휩쓸지 못한 그들의 이야기가 시작된다
해운대
설경구 하지원 박중훈 엄정화 이민기 강예원 김인권 | 윤제균 감독작품 | 2009년 7월 대개봉!
www.haeundae2009.co.kr | cafe.naver.com/haeundae2009
CGV 채널CGV가 한국영화를 응원합니다

'해운대'

울적할 때마다
철썩철썩

처절한 몸부림으로
휩쓸어가는 시간에
절규하는 마음

맞닥뜨린 어울림이
끈끈한 세월에
살 태우는 마음.

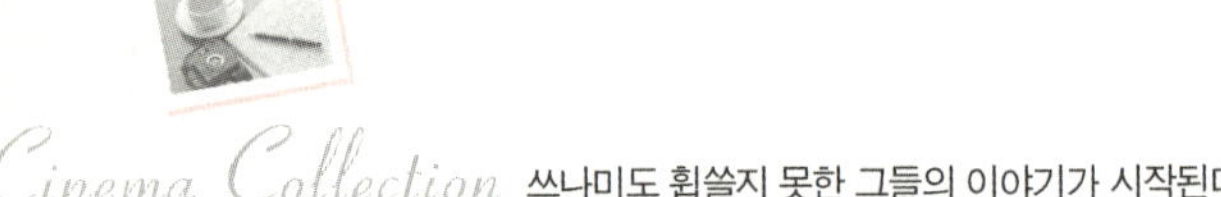

해운대

• **감독** 윤제균 **출연** 설경구, 하지원, 박중훈, 엄정화 **상영시간** 120분 **등급** 15세 관람가 •

대한민국 최고의 휴양지 부산 해운대, 그곳에서 소박하지만 행복한 삶을 사는 사람들이 있다. 작은 횟집을 운영하는 최만식(설경구)은 같은 동네에서 어릴 적부터 함께 자란 강연희(하지원)를 좋아한다. 연희도 그런 만식이 싫지는 않다. 한편 해운대의 해양구조대원 최형식(이민기)은 우연히 해운대에 놀러 온 김희미(강예원)의 목숨을 구해 주고 그녀의 저돌적인 애정공세를 받는다. 한편, 해양연구소 소속 지질학자 김휘(박중훈) 박사는 해운대에 쓰나미가 몰려온다고 경고하지만 아무도 그 말을 믿지 않는다. 7년 만에 만난 전처인 이유진(엄정화)조차 그의 말을 듣지 않는다. 마침내 김휘 박사의 경고대로 일본 대마도가 내려앉으며 메가급 쓰나미가 생성되기 시작한다. 한여름 더위를 식히고 있는 수백만 명의 휴가철 인파와 평화로운 일상을 보내고 있는 부산 시민들, 그리고 이제 막 서로의 마음을 확인한 만식과 연희를 향해 초대형 쓰나미가 시속 800킬로미터로 밀려오기 시작한다. 이처럼 피할 수 없는 시련이 왔을 때 가장 지키고 싶은 것이 무엇인가? 쓰나미도 휩쓸지 못한 소중한 이야기가 가슴을 저리게 한다.

〈해운대〉는 선 드라마와 후 스펙터클의 전략이다. 한국형 휴먼 재난 영화는 〈해운대〉가 최초다. 우리의 정서를 담은 우리 식의 재난 영화다. 물론 할리우드의 모든 자연재난 영화를 잘 안다. 특히 〈투모로우〉와 〈일본침몰〉은 윤제균 감독이 우리 한국형의 재난 영화를 만들기 위해서 수백 번 넘게 보았다고 한다. 윤 감독은 부산 출신으로 울적할 때마다 해운대로 나가서 마음을 달래기도 하고 어느 때는 해수욕을 하다가 빠져 죽을 뻔한 기억도 있다. 2004년 초대형 쓰나미가 동남아를 덮치는 엄청난 사건이 벌어졌다. 그 당시 어머니와 함께 TV를 보다가 '매년 피서철마다 100만 명 인파가 몰리는 해운대에 쓰나미가 닥친다면?' 이라는 상상을 한 것이다. 이것이 바로 영화 〈해운대〉의 시작이 된 것이다.

쓰나미라는 말은 해안이라는 '쓰' 와 해일이라는 '나미' 가 결합된 일본어다. 쓰나미는 두 종류가 있다. 일반 쓰나미와 메가쓰나미다. 전자는 물속에서 기포가 올라오면서 파도가 물결치는 해저 지진의 형태다. 갑작스런 충격으로 대양이 요동치면서 급격한 파동이 생겨 일어나는 지진해일이다. 주로 지진이나 화산 폭발, 운석 충돌 등에 의해 발생한다. 비행기보다 더 빠른 시속 800킬로미터로 이동한다. 후자는 파도가 500미터까지 갈 수 있다고 하니까 상상을 초월한다. 이러한 쓰나미가 스크린에 나타난 것은 사람들에게 호기심을 주기에 충분하다. 1,000만 흥행을 쓰나미가 일으킬까 관심이다. 영화의 짜임새나 컴퓨터 그래픽 수준이 높다.

〈해운대〉는 단순히 자연재난 영화만은 아니다. 사람에 대한 이야기다. 예기치 못한 재앙과 맞닥뜨린 사람들의 끈끈한 연대와 극복의 노력이다. 그리고 사랑 이야기까지 담아내는 휴먼 드라마다. 인간의 힘으로 어찌할 수 없는 자연재해를 통해 또 다른 희망과 생존의 이유를 찾는다. "인생이란 작은 인연과 오해를 풀기 위해 사는 것이다." 적을 만들지 말고 착하게 살자는 이야기를 하고 싶었다고 감독은 말한다. 죽일 듯이 싫어한 사람이 자기를 구해 줄 수도 있고, 또 싫어한 사람을 자신이 구할 수도 있으니까. 서로 어울리면서 살아가는 것이다. 나는 해운대를 통해서 강력한 메시지를 보았다. 사랑의 힘, 구원의 드라마, 위기 속에서 찾아오는 여유와 유머, 참사랑은 고통 속에서 빛이 난다. 영혼의 쓰나미를 생각한다. 할리우드의 공식을 깬 사람도, 눈물도, 웃음도 우리의 것인 재난 영화를 통해서 알아차림과 깨어 있음이다.

호우시절
이번엔 사랑일까?
정우성 + 고원원 〈8월의 크리스마스〉〈봄날은 간다〉〈행복〉허진호 감독작품
판씨네마㈜ Zonbo Media [배급] N.E.W. [제작] 판씨네마㈜ Zonbo Media ㈜영화사 호 ㈜토러스필름 www.goodrain2009.co.kr 2009. 10
SKY OLYMPUS COREX ecru

'호우시절'

성글게 떨어지는
비꽃으로
헝클어졌던 마음
촉촉이 적신다

스며든 고백이
사알짝
고개 내밀어
입술 포갠다

숨막힐 듯 설렘으로
아늑한 가슴 만지며
식어 버린 황홀함에
젖는다.

Cinema Collection 불가능한 사랑에 대한 가장 적극적이고 영화적인 판타지

호우시절

• **감독** 허진호 **출연** 정우성, 고원원, 김상호, 마소화 **상영시간** 100분 **등급** 15세 관람가 •

중국문화 탐방을 앞두고 영화 한 편을 보았다. 중국 당나라 때의 시인 두보의 '춘야희우'(봄날 밤의 기쁜 비)의 첫 구절에서 따왔다. 바로 〈호우시절〉이란 영화다. 촬영지인 중국 청두는 말년의 두보가 한때를 보낸 곳이다. 봄에 내려 소리 없이 만물에 생명을 돋게 하는 좋은 비의 계절, 호우시절. 비라고 다 같은 비가 아니듯 사랑에도 때가 있다.

건설중장비회사 팀장 박동하(정우성)는 중국 출장 첫날, 우연히 관광 가이드를 하고 있는 미국 유학 시절 친구 메이(고원원)와 재회를 한다. 때를 알고 내리는 좋은 비처럼 그 사람이 다시 온 것이다. [만남] "너 여기서 뭐하니?" 다시 못 볼 줄 알았다. 기적이란 이런 걸까? [추억] "우리가 사귀었었다고?" 까먹을 게 따로 있지. 기억이 틀린 걸까? "처음 만났을 때 기억 안 나? 너, 내가 무슨 말만 하면 웃었잖아." 시인이 되려는 꿈을 지녔던 그 시절의 자신까지 떠올리게 만드는 솔직하고 당찬 메이에게 또다시 끌린다. 3박 4일의 출장, 이번엔 놓치고 싶지 않다. 터프, 쿨, 핸섬, 두근대는 형용사를 거느린 선망의 아이콘이다. 그가 사랑을 고민하는 일상 속 연인으로 돌아온다. 바로 정우성이다. 그는 〈좋은 놈 나쁜 놈 이상한 놈〉, 〈중천〉, 〈내 머리 속의 지우개〉, 〈똥개〉, 〈비트〉에 출연했다. [설레임] "머리는 잊었어도 입술은 기억할 거라며. 그럼 키스해 봐." 당돌한 대시. 그동안 무슨 일이? 두보를 소재로 논문을 쓰며 두보초당에서 가이드로 일하던 중 동하를 만나 장난기와 짓궂은 농담. 유학 시절 그때처럼 끌리는 만큼 솔직하게 그에게 다가서지만 설레는 마음과 현실 사이에서 갈등하는 고원원이다. 중국인이 현재 가장 사랑하는 연인, 첫사랑처럼 한국 관객에게 첫 인사를 건넨다. 〈난징! 난징〉, 〈BB프로젝트〉, 〈남재여모〉, 〈상하이 드림〉, 〈북경 자전거〉 등에 출연한 배우다. [망설임] "그때 좋아한다고 말했으면 뭐가 달라졌을까?" 말해야 사랑이다. 확실히! [고백] "나 하루 더 있다 갈까?" Yes일까, No일까? 걱정하기엔 마음이 너무 커질 때-그땐 고백. 이처럼 호우시절은 떨림도 사랑이고, 상처도 사랑이며, 일상의 잔잔한 감정들을 찬란하게 느끼게 하는 영화다.

출장으로 주어진 짧은 시간, 과거 그들이 지나왔던 긴 시간의 그림자를 되밟는 동안 희미한 옛 감정은 이제 숨막힐 듯 설레는 현재의 감정이다. 지켜내야 할 새로운 사랑으로 변모한다. 사랑의 타이밍을 고민케 하는 영화다.

허진호 감독은 누구나 해 봤거나, 하고 있거나, 하고 싶은, 흔하디 흔하지만 누군가에게는 염원이기도 한 사랑. 느끼되 표현할 수 없었던 지점을 콕 집어내 심장을 건드리는 특별한 기억으로 만들었다고 말한다. 〈8월의 크리스마스〉, 〈봄날은 간다〉, 〈행복〉에서 말한 사랑과 〈호우시절〉에서 말한 사랑은 구체적인 상황 속에서 현실적인 감정의 흐름을 충실하게 보여 주는 그의 패턴에 충실하다. 낯선 곳에서 사랑하는 사람과의 만남, 격렬한 사랑, 이별보다는 이어지려고 하는 적극적인 사랑을, 냉소보다는 따뜻함이 묻어 있다. 안타까움보다는 희망을 선물한다.

주님과의 첫사랑을 생각해 본다. '좋은 비는 내릴 때를 알고 있어 봄에 만물을 소생케 한다' 는 뜻처럼 촉촉한 성령의 단비는 시들어 버린 사역에 기쁨과 설렘의 은총이 있음을 소망한다. 깊어가는 가을에 첫 만남, 첫 데이트, 첫 키스, 첫사랑의 기쁨처럼 주님과의 첫사랑이 회복되는 호우시절을 기도하면서 중국은 참으로 하나님의 둘째 아들임을 알게 된 여행이었다.

국화꽃향기
그녀가 남기고 간…
세상 마지막 순간보다 슬픈건
나로 인해 눈물지을 '당신'입니다
장진영
박해일
서울극장 개봉작
www.kukhwa.com
전체관람가

'국화꽃 향기'

먼지 위로 사뿐히 내린
헝클어진 마음 쓰다듬는다

시들고 마른 설움
첩첩 쌓인 가슴속에

가냘픈 입술 벌리고
몸을 떤다

몸속에 파고드는
지울 수 없는 흔적들이
까만 밤 홀로 태우면

무서리 친 바람비에
하얀 꽃 핀다

속정 사리고
차가운 입맞춤으로.

'96 장선우 감독 작품
모든걸 다 줘버린
어린 연인!
이정현 / 문성근 주연
꽃잎
A Petal
단성사 개봉작!!
장선우 감독작품 이정현/문성근 이영란/박광정/박철민/설경구/추상미
DAEWOO

'꽃잎'

윙윙
헝클어진 세월

속잎 겉잎 섞어
꽃무덤에 엎드린다

와르르 무너지는
지난한 몸짓

얇은 가슴으로
너울거린다

벌거벗은 울음빛
꽃입술도 없이

하얗게 타 버린
우주를 묶어

꽃보라마냥
세상을 토닥거린다.

문을 잠그고 나서는
순 간,
빈집

빈집

아픈 기억들 만지며
허물어진 벽 아래
엎드려 있다

다 구겨진 사연들이
고장 난 세월 앞에
통곡한다

희끄무레한 눈빛으로
어지러진 시간에
갇혀 있다

애절함으로 다가와
속문 안고리에
자물쇠 열어
가지런히 채운다.

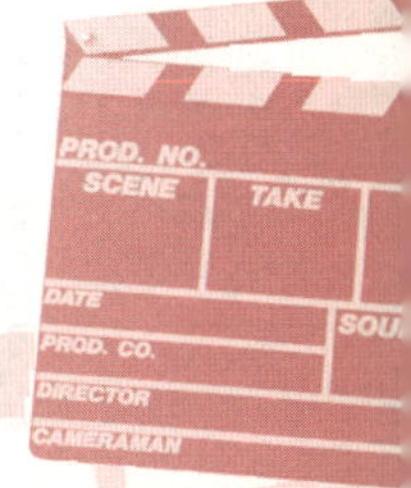

지랄같네… 사람 인연…
2007년 곽경택 감독의 뜨거운 고백
a LOVE
올 추석, 단 하나의 감성 액션 대작이 온다!

'사랑'

서성거리는
그리움 포개며

짐짓
눈물 뿌리며

하늘을
말갛게 색칠하며

울컥
솟는 외로움이
출렁거린다

흔적도
소리도
없이

아려온 추억마저
빠져나간다

쫀쫀한
세상 향해.

제39회 대종상영화제 최우수작품상 / 각본상 / 기획상 3개부문 수상작

450만 관객을 감동시킨
가슴 뭉클한 외할머니 이야기!

집으로...

thewayhome

서울극장개봉작

전체
이용가

'집으로'

산비탈길 오막살이에서
굽힌 세월이 손짓하며
살스레
살스레

멋쩍은 속앓이가
가슴을 포개도
괜찮아
괜찮아

삭신은 쑤시지만
울음과 웃음 섞어
동그랗게
동그랗게

배앓이가 수레 타고
우주를 만지작거리며
미안해
미안해.

산만큼이나 높은 사랑들……
골만큼이나 깊은 아픔들……
태백산맥
감독 임권택
태흥영화(주)

'태백산맥'

제석산 자락에
불꽃들이
헝클어진
시간을 만진다

절룩거리는
세월에
피눈물 마시고
벅신거리며

후비고 간 자리
울렁거리는
가슴 쓸어내며.

‘화려한 휴가’

메타세쿼이아 사이로 쏟아지는
5월의 햇살이 시리다

들판 위로 봄을 짓밟고 가는
섬뜩한 불꽃놀이가 시작된다

자유로 정의도 사랑도
팔다리 묶인 채로
어디론가 실려가고

꽃잎들에 비수가 꽂혀
검붉은 피들이
허리 잘린 빛고을을
홍건히 적신다

치떨리는 가슴 움켜쥔
불화살 박힌
속살의 기억 속으로

하얗게 부서져 내린
오월의 꿈 향해
영혼 떨리는 하늘의 절규가
들린다.

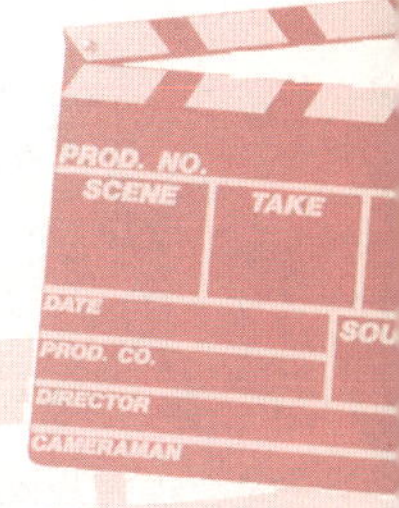

제2부
외국 영화

모토키 마사히로

히로스에 료코

마지막 이별의 순간, 웃으며 배웅하는 사람들에게 배웠습니다.

이제 당신에게 감동을 전하고 싶습니다

2008년 제 32회 몬트리올 영화제 그랑프리 수상!

2008년 제 17회 중국 금계백화 영화제 최우수 작품상, 남우주연상, 최우수 감독상 3관왕 수상!

2009년 제81회 아카데미 외국어 영화상 수상!

사랑한다는 말보다 아름다운 인사

굿'바이

good & bye

12세이상 관람가

음악 〈센과 치히로의 행방불명〉 히사이시 조 * 감독 〈비밀〉 다키타 요지로

DVD VIDEO 1DISC KDMEDIA

'굿바이'

먼 여행길
한숨으로
터벅터벅

사랑을 배웅하는
차가운 순간들
두근두근

널브러진
아픈 조각들 모아

시리도록 아름다운
추억 묶어

그리운 세월
색칠하면서

푸르게
고개 숙인다.

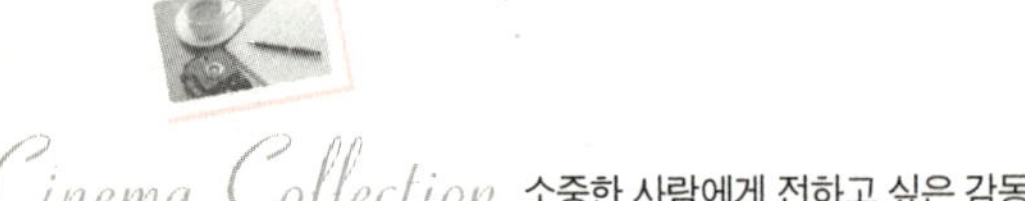

굿바이(Good & Bye)

• **감독** 다키타 요지로 **출연** 모토키 마사히로, 야마자키 츠토무, 히로스에 료코
상영시간 130분 **등급** 12세 관람가 •

일본 영화는 정서를 자극하는 영화가 많다. 특히 가족 멜로 드라마에서 애달픈 사연들이 다루어진다. 우리에게 한이 있는 것처럼 일본인에게는 '우라미' 가 있다. 상대에 대한 원망을 넘어 용서하려는 의식이 닮아 있다. 일본인의 '우라미' 는 상대를 용서하고 상대가 잘되기를 원한다.

사랑한다는 말보다 아름다운 인사 〈굿바이〉는 '납관' 이라는 이색적인 소재를 통해서 유쾌한 웃음과 감동의 하모니를 선물한다. 고인의 마지막 순간을 배웅하는 '납관' 이라는 소재가 밝고 따뜻하게 그려져 있다.

도쿄에서 잘나가는 오케스트라 첼리스트인 '다이고' (모토키 마사히로)는 갑작스런 악단 해체로 하루아침에 백수 신세가 되고 만다. 그는 우연히 '연령 무관' , '고수익 보장' 이라는 파격적인 조건의 구인광고를 본다. 그는 이 광고를 보고 두근거리는 마음으로 면접을 보러 간다. 면접은 1분도 안 걸렸다. 바로 합격이다. 하지만 여행사인 줄 알았던 회사는 인생의 마지막 여행을 떠나는 사람들을 배웅하는 '납관' 일을 하는 곳이다.

화려한 첼리스트에서 하루아침에 초보 납관 도우미가 된 다이고는 모든 것이 낯설고 거북하기만 하다. 높은 급여 때문에 일단 뛰어든 일이지만 시체를 단장하고 관에 넣는 일은 영 불편하기만 하다. 그러나 베테랑 납관사 이쿠에이(야마자키 츠토무)가 정성스럽게 고인의 마지막을 배웅하는 모습에 감동을 배워 간다. 바로 인생수업이다. 죽은 사람의 몸을 만지는 자신의 직업에 대해 죄의식과 수치심을 가지고 있던 다이고는 점차 죽은 자를 저 세상으로 여행 보내는 자신의 직업과 일에 대해서 자신감을 갖는다. 아직 초보지만 최선을 다하며 마지막 가는 먼 여행길에 행복 도우미가 된다. 그런데 아내 미키(히로스에 료코)와 친구들은 다이고에게 당장 일을 그만두라고 한다. 아내는 납관사가 비정상적인 직업이라며 친정으로 떠나 버린다. 하지만 다이고는 정성껏 수습한 시신 앞에서 어긋났던 가족이 서로 용서하고 화해하는 장면을 목격하고 보람을 찾는다. 작은 갈등으로 마음의 문을 닫았던 사람들도 주검 앞에서는 모든 것이 덧없다는 것을 깨닫는다. 남은 건 왜 살아 있을 때 좀 더 잘 지내지 못했을까 하는 아쉬움뿐이다.

관객은 물론 평단으로부터 올해 최고의 영화라는 찬사를 이끌어낸 영화로 제32회 몬트리올 영화제에서 그랑프리 수상, 제17회 중국 금계백화 영화제 최우수 작품상, 최우수 감독상, 남우주연상을 받았다. 제81회 아카데미 외국어 영화상 부문 일본 대표로 선정된 영화다. 영화와 혼연일체가 된 첼로 선율, 시신 앞에서 당황하는 다이고의 표정연기도 웃음을 자아낸다. 특히 모토키 마사히로와 야마자키 츠토무의 조용하지만 폭발적인 연기가 영화의 완성도에 방점을 찍는다. 죽은 사람들과 산 사람들 사이에서 각자가 안고 있는 곪은 상처에 눈물이 나다가도 어쩌면 이런 것이 삶의 약동을 느끼게 한다.

감독인 다키타 요지로는 영화 〈비밀〉을 통해 국내 관객에게 진한 감동을 선물한 감독이다.

엔딩 크레디트가 올라가면 지금껏 어떤 삶을 살아왔는지, 앞으로 어떻게 살아갈 것인지를 생각하게 하는 영화다. 바로 주님께서 우리에게 말씀하신다. "일의 결국을 다 들었으니 하나님을 경외하고 그 명령을 지킬지어다. 이것이 사람의 본분이니라."

2003년, 가슴을 울리는 사랑의 걸작!!

그녀에게

talk to her

18세 관람가

DVD VIDEO

그녀에게

텅 빈 영혼의 허기 채워 주는
환한 꽃이
창 너머 가슴 열어 보이네

찬찬히
그리움으로
생명 붙들어 주더니

걷잡을 수 없는
시린 사랑

애절한 눈길로
외로움 다독거리다

하루 종일
울림과 떨림으로
황홀한 봉오리 만지네

끝없이
끝없이.

그녀에게(Talk to her)

• **감독** 페드로 알모도바르 **출연** 하비에 카마라, 다리오 그랜디네티
상영시간 112분 **등급** 청소년관람불가 •

《탈무드》에 보면 세상에서 가장 강한 것 12가지를 말한다. 먼저 돌이다. 하지만 돌은 쇠망치로 부서진다. 하지만 쇠망치는 불에 의해 녹아 버린다. 불은 물로 끌 수 있다. 물보다 강한 것은 구름이며, 구름을 삼킬 수 있는 것은 바람이다. 바람이 강하지만 사람이 바람을 저지할 수 있다. 사람을 이길 수 있는 것은 공포다. 공포를 이기기 위해서 사람은 술을 마신다. 술을 이기는 것은 잠이다. 잠을 이기는 것은 죽음이다. 하지만 죽음을 이길 수 있는 유일한 것 한 가지는 바로 사랑이다. 그래서 성경은 사랑은 죽음보다 강하다고 알려 준다.

전 세계를 감동으로 물들인 거장 페드로 알모도바르 감독의 〈그녀에게〉가 그런 작품이다. 무용극 〈카페 뮐러〉를 보는 두 남자. 간호사인 베니그노와 여행잡지 기자인 마르코는 서로 모르는 사이다. 하지만 공연에 감동한 마르코가 눈물을 흘리고 베니그노는 그런 그를 바라보며 공감하게 된다. 그리고 이 두 남자가 들려주는 자신들의 아름답고 가슴 아픈 사랑 이야기가 시작된다.

오랫동안 아픈 어머니를 정성을 다해 보살펴 왔던 베니그노다. 어머니의 죽음 이후 그는 우연히 창 밖으로 보이는 건너편 발레 학원에서 음악에 맞춰 춤추는 알리샤를 발견한다. 환한 봄햇살처럼 생기 넘치는 그녀다. 베니그노는 창문 너머로 그녀를 바라보며 사랑을 느낀다. 하지만 비가 오던 어느 날, 알리샤는 교통사고로 식물인간이 되고 만다. 간호사였던 베니그노는 그런 알리샤를 4년 동안 사랑으로 보살핀다. 옷을 입혀 주고 화장과 머리손질을 해 주고 책을 읽어 준다. 그리고 세상의 모든 이야기를 들려준다. 끊임없이 말을 건다. 불가능한 소통을 이룩하려고 노력을 다한다. 그에게 있어 알리샤는 삶의 목표이며, 그가 존재하는 유일한 가치다. 베니그노는 때로 호모로 취급받기도 하며 정신이상자로 취급받기도 한다. 그래도 좋다, 그녀만 다시 깨어난다면. 여행잡지 기자인 마르코는 방송에 출연한 여자 투우사 리디아에게 강한 인상을 받고 취재차 그녀를 만난다. 서로의 상처를 이해하고 치유해 주는 사이 그들은 사랑에 빠진다. 하지만 리디아는 투우 경기 도중 사고를 당해 식물인간이 되고 그녀 곁에 남아 그녀를 돌보던 마르코는 그녀와 그 무엇도 나눌 수 없음에 괴로워한다. 결국 리디아는 죽고 만다.

마르코는 베니그노와 정신적 교감을 나누는 친구가 된다. 그것이 베니그노의 사랑 방식이다. 삶에 부정적인 입장을 취하던 마르코가 알리샤의 생동하는 젊음을 확인하는 순간 영화는 또 다른 세계를 환원시킨다. 베니그노는 마르코에게 말한다. "그녀에게 말을 하라. 그러면 기적이 일어날 것이다." 이별을 견디지 못한 베니그노는 죽는다. 알리샤는 베니그노의 헌신도, 소식도 모른 채 천진난만한 웃음으로 건강을 회복하게 된다.

페드로 알모도바르 감독은 사랑하는 사람을 위한 헌신, 특히 간병과 청소와 보살피는 일을 남성에게 부여해 여성적 성향을 보여 줌으로써 절대 사랑을 보여 준다. 그저 육체적으로 스쳐가는 동물적인 사랑이 만연한 현대에 진정한 사랑을 보여 준다. 사랑에 대한 이상적 현실적 경계를 남자의 시선에서 고정시키는 감동의 영화다. 내면 깊은 곳에서 소통하는 보다 깊은 사랑이다. 강하기 때문에 살아남는 것이 아니라 사랑하기 때문에 살아남는 것이다. 사랑은 불가능을 가능하게 하는 비타민이다.

신이 된 한 아이의 탄생비밀
네티비티 스토리
위대한 탄생
THE NATIVITY STORY

'네티비티 스토리'

쓸쓸한
여행으로
푸석푸석해진 마음

마구간에 도착한
눈물겹도록 슬픈 기다림

눈부시도록
아름다움 섞어
잉태된 생명

새근새근
볼록거리는
뒤틀린 고통

모두 다
소중한 사랑의 빛으로
감싸이네.

신이 된 한 아이의 탄생 비밀

네티비티 스토리(위대한 탄생)

(The Nativity Story)

• **감독** 캐서린 하드윅 **출연** 오스카 아이삭, 케이샤 캐슬-휴즈
상영시간 101분 **등급** 전체 관람가 •

우리는 그간 〈십계〉, 〈쿼바디스〉, 〈벤허〉, 〈왕중왕〉 부터 〈패션 오브 크라이스트〉까지 성서에 등장하는 인물들을 소개한 영화나 성탄절이 되면 단골 메뉴처럼 등장한 영화들을 기억한다. 그 가운데 2006년 크리스마스에 개봉된 영화 〈네티비티 스토리(위대한 탄생)〉는 크리스마스를 지내던 시나리오 작가의 호기심에서 시작됐다. 예수 탄생에 관한 잡지 기사들을 보게 된 그는 자연스럽게 마치 내 가족의 탄생 이야기인 양 생각했던 예수의 탄생 이야기에 궁금증을 갖기 시작했다. '마리아와 요셉의 베들레헴 여정에는 무슨 일이 있었을까?' 하는 궁금증이 곧 시나리오로 완성된다. 결국 신화적인 이야기를 바탕으로 한 열여섯 살과 스무 살의 젊은 부부가 특별한 미션을 완성하기 위해 떠나는 신비로운 여행 이야기가 아기 예수 탄생에 대한 최초의 영화로 탄생된 것이다.

영화는 시종일관 잔잔하게 전개된다. 헤롯 왕 시대 폭정에 시달린 이스라엘 백성들은 메시아 출연을 갈망한다. 그러나 예언자들은 메시아가 온다는 메시지를 전하다가 순교한다. 헤롯은 더 많은 세금을 백성들로부터 갈취한다. 그러다 페르시아에서 별의 움직임을 보고 당도한 동방박사들이 베들레헴에 특별한 아기가 태어난다는 말을 전한다. 이 말을 들은 헤롯은 2세 미만의 아이들을 무참하게 살해할 계획을 세운다. 한편 가난한 마리아의 아버지는 딸을 목수 청년 요셉과 결혼시키기로 한다. 그것은 가족의 안전과 마리아를 위해서 할 수 있는 유일한 탈출구다. 그러던 어느 날 올리브나무 아래 쉬고 있던 평범한 소녀 마리아(케이샤 캐슬-휴즈)는 아기를 갖게 되리라는 천사의 말을 듣는다. 그리고 늙은 사촌언니 엘리사벳이 아이를 가졌다는 소식을 듣고 그곳으로 향한다. 엘리사벳 역시 천사의 메시지를 들었다. 마리아가 성령으로 잉태했다는 것을 알게 된다. 엘리사벳이 가진 아이가 예수보다 6개월 전에 태어나 메시아의 출현을 예언하는 세례 요한으로 나중에 살로메의 춤으로 참수된다. 헤롯이 지시한 호적 정리를 위해 요셉의 고향 베들레헴으로 향하는 마리아와 요셉은 소녀와 소년 부부처럼 미숙하지만 서로를 지극히 신뢰하며 험한 여행을 하게 된다. 그리고 베들레헴의 초라한 마구간에서 아기를 낳는다. 스크린에 되살아난 열여섯 살의 마리아와 스무 살 요셉(오스카 아이삭)의 기적 같은 잉태를 통해 위대한 사건의 한가운데로 인도한다.

마태복음과 누가복음을 기반으로 한 성격 해석과 전개는 네티비티의 장점이지만 다른 한편으로는 극적 긴장감이 떨어지는 요인이기도 하다. 철없는 소녀였던 마리아와 평범한 목수 요셉이 마구간에서 몸을 풀기까지의 여정은 믿음의 사람들에게 감동이다. 일반인들은 미지의 것에 맞닥뜨려 혼란을 겪는 한 가족의 스토리를 통해 또 다른 감동을 느끼게 된다.

시나리오를 받은 에이전트 마티 오웬과 프로듀서 갓 프레이는 그동안 몸담고 있던 직장을 떠나 새로운 영화사를 차린다. 완벽한 촬영장소를 찾던 제작진은 우연히 성경에 기록된 나사렛 마을의 원형이 보존된 나사렛 마을을 발견한다. 그 후 역사가들과 성경이론가들의 고증을 거쳐 그곳을 예수 당시의 모습으로 복원하여 영화 사상 가장 역사적인 예수 탄생 모습을 보여 주게 된다. 뿐만 아니라 멜깁슨 감독의 〈패션 오브 크라이스트〉를 촬영했던 남부 이탈리아 마테리아에서는 마리아가 사는 나사렛 들판의 풍경을, 모로코에서는 헤롯 왕의 왕궁과 성전을, 동방박사의 여정을 위해서는 사하라 사막을 아우르며 촬영을 진행했다. 그 결과 요셉과 마리아의 기나긴 여정의 모든 배경을 훌륭하게 재현해 낼 수 있었다.

전세계를 사로잡은 인류 마지막 사랑!

감히 성서에 비견되는 세계적 베스트셀러 원작

더로드

THE ROAD

비고 모텐슨 샤를리즈 테론 가이 피어스

2010년 1월, 아들을 지키기 위한 그의 사투가 시작된다!

'더 로드'

흐릿한 하늘 아래
검은 숲을 지나
남쪽으로 내려간다

잿빛으로 뒤덮인
허기진 시간들을 밟으며
남쪽으로 내려간다

새까맣게 속앓이를
하면서 서럽게
남쪽으로 내려간다

한숨으로 그을린
어둠을 가르면서
남쪽으로 내려간다

허허롭기만 한
속살을 내려놓고
남쪽으로 내려간다.

더 로드(The Road)

• **감독** 존 힐콧 **출연** 비고 모르텐슨, 코디 스미스 맥피 **상영시간** 111분 **등급** 15세 관람가 •

세상에 종말이 왔다. 온통 잿빛 풍경이다. 식량은 바닥났고, 사람들은 서로를 두려워한다. 결국 서로를 신뢰하지 못해 죽이거나 죽는다.

아버지(비고 모르텐슨)와 어린 아들(코디 스미스 맥피)은 지금 필사적으로 남쪽을 향해 끊임없이 내려가고 있다. 그곳이 무엇을 약속하는 땅인지 알 수는 없다. 그래도 가야 한다. 한순간도 쉽지는 않다. 사람을 뜯어먹는 잔인한 무리를 만난다. 먹을 것이 없어서 굶어 죽어 가는 순간에 먹을 것으로 가득 찬 풍성한 지하 대피소를 발견한다. 하지만 곧 안전을 위해서 떠나야 한다. 아들을 지키는 단 한 사람, 아버지의 몸이 쇠약해진다. 결국 아버지는 죽고, 아들은 새로운 소망을 가지고 사람을 만난다.

《더 로드》는 〈노인을 위한 나라는 없다〉의 원작자로 국내에도 널리 알려진 코맥 매카시의 열 번째 장편소설이다. 2007년 퓰리처 상을 수상한 〈더 로드〉는 지구 멸망 이후의 생을 담고 있다.

"남자는 깜깜한 숲에서 잠을 깼다" 로 소설 《더 로드》는 시작한다. 최후의 인간, 길 위에 섰다. 아무것도 없는 세상에 남겨진 아버지와 아들의 여로를 그저 따라가는 것이다. 소설은 왜 세상이 무너졌는지, 왜 문명이 파괴됐는지 그 이유를 알려 주지 않는다. 하지만 이 소설은 완전한 파멸을 통해 완전한 희망을 이야기한다. 검은 재뿐인 세상에 살아남은 남자와 아이, 그리고 그들의 끝없는 여정이다. 이것이 책의 줄거리다. 이 매혹적인 소설을 할리우드가 그냥 놔둘 리 없다. 감독인 존 힐콧은 최대한 원작에 충실하려 했다. 그러나 지구 최후의 순간을 영화로 옮기는 것은 쉽지 않았다. 소설에 지구가 불타 버린 원인도, 재앙으로 인한 그 어떤 드라마적 요소도 드러나지 않기 때문이다. 감독은 그리 두껍진 않지만 삶과 죽음에 대한 은유와 상징이 방대한 원작의 의미와 감동을 영화적으로 압축하기 위해 아버지와 아들의 관계에 초점을 맞추기로 했다. 이처럼 '한 남자와 아이의 여정은 우화적이고 은유적이다. 한 세계의 멸망을 그리고 있는 것과 동시에 인류의 역사가 한 세대에서 다른 세대로 전해지는 과정을 어른의 시선으로 그린다. 이를 통한 소설의 주제는 도덕적이다. 친절과 믿음, 희망에 대한 신념이 결국 우리를 멸망에서 구원하리라는 것이다. 이런 관점에서 원작의 핵심인 멸망과 소생의 코드에 다가가기로 했다.'

지금 우리는 영화와 같은 현실을 목격하고 있다. "지구의 종말을 보는 듯하다." 2010년 1월 18일 영국 BBC 방송이 전하는 아이티 지진 진원지 레오기네의 참상이다. 무너진 대성당 터에서 한 아이티의 여성이 기도하며 눈물을 흘리고 있는 사진은 나의 가슴을 시리고 저리게 했다. 지금 우리는 분쟁이 끊이지 않고 환경의 대참사가 예언되는 시대에 살고 있다. 영화 〈더 로드〉는 이런 전 세계적인 악몽 속에서 겪을 수밖에 없는 집단적인 혼란에 대해 이야기한다. 우리 내면의 가장 깊고 어두운 두려움을 펼쳐 놓은 것이다. 그 정서가 놀랍도록 리얼리티다. 감독은 고대부터 현대까지 인류에게 일어난 자연재해와 인간이 초래한 재앙에 대한 조사가 이뤄졌다고 한다. 특히 핵 폭발로부터 영감을 받았다는 것이다. "원작을 읽으면서 언젠가 사진으로 본 핵 폭발 이후의 이미지가 떠올랐다. 모든 것들이 완벽하게 재로 뒤덮여 있고, 검게 그을렸으며, 공기 중의 재로 인해 두껍고 낮게 깔린 하늘이 완전히 단색으로 이루어져 있는 모습이 동일했다." 그래서 영화에서도 대참사가 실제로 벌어졌을 때 가질 수 있는 공포심을 보여 주고 싶었다고 한다. 비현실적인 공포가 아니라 진짜 공포 말이다.

그렇다. 주님은 이 세대를 향하여 계속 영화를 통해서 경고하심으로 지금은 깨어 알아차릴 때임을 귀 있는 자들은 들으라고 말씀하신다.

피어스
브로스넌
콜린
퍼스
스텔란
스카스가드
줄리
월터스
도미닉
쿠퍼
아만다
시프리드
크리스틴
바란스키
맘마미아!
THE MOVIE
전세계가
잊지 못할 결혼식에
당신을 초대합니다
9월 4일 대개봉!

'맘마미아'

하맑은 숨결들
찰랑거리는 시간
'어쩌면 좋아!'

짜릿한 추억들
건지면서
당황한 흔적들
'에그머니나!'

사랑을 눕혀
춤추는
황홀한 가슴
'이럴 수가!'

맘마미아(Mamma Mia)

• **감독** 필리다 로이드 **출연** 메릴 스트립, 피어스 브로스넌, 콜린 퍼스, 스텔란 스카스가드
상영시간 108분 **등급** 12세 관람가 •

눈부신 그리스 지중해 외딴섬 칼로카이리다. 젊은 날 한때 꿈 많던 아마추어 그룹 리드싱어였으나 지금은 작은 모텔의 여주인이 된 도나(메릴 스트립)와 그녀의 스무 살 난 딸 소피(아만다 시프리드)가 주인공이다. 도나의 보살핌 아래 홀로 성장해 온 소피는 약혼자 스카이(도미닉 쿠퍼)와의 행복한 결혼을 앞둔다. 하지만 완벽한 결혼을 꿈꾸는 그녀의 계획에 하나의 흠이 있다. 바로 결혼식에 손을 잡고 입장해 줄 아빠가 없다는 것이다. 한 번도 엄마에게 친아빠에 대한 이야기를 들은 적이 없었던 소피는 아빠를 찾기 위해 젊은 시절 엄마의 일기장에서 아빠로 추정되는 세 남자를 찾아 엄마의 이름으로 결혼식에 초대한다.

마침내 결혼식이 다가오고 소피가 초대한 세 명의 아빠 후보가 나타난다. 추정 아빠 후보 1번은 열정적인 건축가 피어스 브로스넌 '샘' 이다. 추정 아빠 후보 2번은 세계적인 여행가 스텔란 스카스가드 '빌' 이다. 추정 아빠 후보 3번은 성공한 은행가 콜린 퍼스 '해리' 이다.

과거의 남자들을 본 도나는 추억에 젖고 옛 감정에 혼란스러워한다. 소피 또한 자신의 삶에 있어서 중요한 것은 누구인지도 모르는 아버지가 아니라 주체적인 자기 자신과 자신을 사랑하는 사람들이라는 것을 깨닫고 자신에 대해 좀 더 알아보는 시간을 갖기 위해 결혼하지 않기로 결심한다.

한편, 샘의 청혼 앞에서 망설이던 도나는 친구들과 하객들이 보내준 용기로 그의 사랑을 받아들인다. 행복한 결혼식 후 소피는 더 넓은 세상에서 자신의 꿈을 펼칠 것을 노래하며 약혼자 스카이와 함께 여행을 떠난다.

맘마미아(Mamma Mia!)란 말은 이탈리아어이다. '에구머니나', '어쩌면 좋아', '세상에 이럴 수가!', '엄마야' 등의 의미로 쓰이는 감탄사다. 뮤지컬 영화인 〈맘마미아〉는 세계적으로 열풍을 일으킨 동명 뮤지컬 〈맘마미아〉의 스크린 버전이다. 스웨덴 그룹 아바(ABBA)의 노래를 엮어 영화로 풀어낸 이 작품은 뮤지컬 영화가 장르적으로 도달할 수 있는 쾌감을 부드럽게 전달한다.

아바는 1972년에서 1982년까지 활동했다. 내가 고등학교 시절 무척이나 많이 들었던 음악들이다. '워털루'를 시작으로 〈아바〉, 〈디 앨범〉, 〈슈퍼 트루퍼〉 등의 앨범에서 수없이 많은 히트곡을 발표했다. 대체로 단순한 리듬과 멜로디가 돋보인다. 신시사이저와 현악을 적극적으로 동원해 풍요로운 사운드를 만들어 낸 것이 특징이다.

〈맘마미아〉 영화에서는 무엇보다도 아바의 노래를 효율적으로 배치해서 이야기를 끌고 연출과 내러티브를 이어 주는 멜로디, 그리고 흡인력 강한 캐릭터들이 환상적인 무대를 펼쳐 보인다. 노래를 부르고 춤도 추는 배우들의 열연은 짜릿할 만큼 전율적이다. 특히 등장부터 빛나는 메릴 스트립의 존재다. 그녀가 그리스의 푸른 바다를 뒤로한 채 떠나 버린 사랑의 회한을 그린 〈The Winner Takes It All〉을 부르는 장면은 〈맘마미아〉를 오래도록 기억하게 하는 최고의 명장면이다.

여성들의 자유와 사랑 그리고 청춘의 추억을 섞어서 만든 환상의 로맨스다. 여성들에게 사회적 활동의 제약으로부터 해방감과 일탈의 기쁨을 만끽하게 한다. 느껴라! 즐겨라! 춤춰라! 바로 이것이 전 세계 여성들이 열광하는 이유가 아닌가 싶다.

2007년 아카데미 각본상·남우 조연상 수상!
(최우수 작품상, 여우 조연상 노미네이트)

미스 리틀 선샤인
LITTLE MISS SUNSHINE

15세
이상 관람가

DVD
VIDEO

‘미스 리틀 선샤인’

구겨진 꿈들이
여행을 떠난다

얼룩진 상처들을 끄집어
길바닥에 내려놓는다

허덕이는 시간을 채워
서로 만지작거리면서

싱그런 어울림으로
춤을 춘다

몸짓 노래로
서슬 퍼런 추억 껴안고서.

Cinema Collection 가족들과 함께하는 여행

미스 리틀 선샤인
(Little Miss Sunshine)

• **감독** 조나단 데이턴, 발레리 페리스(부부) **출연** 그렉 키니어, 토니 콜렛, 스티브 카렐 **상영시간** 102분 **등급** 15세 관람가 •

가을이 참 곱다. 단풍이 너무 곱게 물들어가는 이때 유쾌하면서도 마음이 따뜻해지는 영화로 가을여행을 떠나자. 천진난만한 일곱 살 소녀 올리브는 볼록 나온 아랫배와 통통한 몸매에도 불구하고 미스 선샤인 대회에 나가기만 하면 우승할 것이라고 생각한다. 늘 지난 대회 비디오를 되돌려 보곤 한다. 결국 가족들은 올리브의 소원을 들어주기로 의견 일치를 본다.

할아버지는 헤로인 복용으로 최근에 시설에서 쫓겨났다. 할 수 없이 아들 집에서 살지만 불만과 불평으로 가득하다. 약물 중독뿐 아니라 포르노 중독자다. 특히 며느리 닭튀김에 불만이 가득하다. 열다섯 살 손자에게 섹스가 무조건 중요하다고 가르친다. 심지어 사돈에게 포르노 잡지를 사달라고 부탁하는 괴짜 노인이다.

아빠(리차드)는 인기 없는 성공학 삼류 강사다. 본인은 절대무패 9단계 이론을 팔려고 엄청나게 시도하지만 기대 이하다. 말끝마다 승리와 성공을 외치지만 본인은 실패한 인생이다. 대박을 꿈꾸면서 무슨 일이든지 자신의 이론을 적용해 승자와 패자를 늘 구분하면서 살아간다.

엄마(쉐릴)는 남편을 경멸한다. 집안의 구심점 역할로 가족들을 챙기지만 쪼들리는 살림에 찌들어만 간다. 이제는 식사준비하는 것마저 귀찮아 저녁식사로 치킨과 샐러드를 사다가 인스턴트 식탁을 차린다.

외삼촌(프랭크)은 미국 최고의 프루스트 학자다. 그는 대학원생 제자였던 게이 연인에게 실연을 당한다. 결국 자살을 시도한다. 실패한 자의식에 가득찬 지식인이다. 직업도 없이 자신의 애인을 빼앗아간 동료교수를 질투하며 하루하루를 무기력하게 보낸다.

오빠(드웨인)는 니체를 탐독하는 진지한 소년이다. 가족과는 최소한의 소통만 한다. 자신의 방에서 칩거생활을 한다. 그는 항공학교에 입학할 때까지 말을 하지 않겠다고 선언한다. 지필 대화만 한다.

올리브는 일곱 살짜리 막내딸이다. 안경을 낀 귀엽고 명랑한 집안의 막내다. 또래 아이보다 통통한 몸매지만 유난히 미인대회에 집착한다. 미인대회에 출전하는 꿈을 위해 매일 할아버지와 지하실에서 연습을 한다.

이렇게 독특한 개성을 지닌 여섯 명이 고물차를 몰고 여행을 떠난다. 좁은 고물차 안에서 가족들 사이의 갈등은 끊이지 않는다. 거기에 차는 고장이 나고 심지어 할아버지가 돌아가신다. 한마디로 6인 6색이다. 하지만 올리브의 대회 출전을 포기하지 않고 다시 한 번 마음을 모아 보기로 한다.

우여곡절 끝에 올리브는 마침내 대회에 출전하게 된다. 그러나 막상 출전한 이 어린이들을 위한 대회는 마치 성인들의 대회나 다를 것이 없다. 늘씬한 몸매와 화려한 의상, 거짓 웃음과 포즈 등 순수한 어린이의 모습이 아니다. 이때 올리브는 할아버지에게 배운 섹시댄스를 춰 사람들을 경악하게 만든다. 그러나 올리브 가족들은 한 사람 한 사람 무대에 올라와 올리브와 한바탕 춤판을 벌이며 올리브를 도와준다. 위선과 가식을 모두 벗어던지고 하나가 된 모습이다. 다시 그들은 고물차를 타고 집으로 돌아온다. 밀어 주어야 출발하는 차처럼 고물같이 망가진 인생들에게 가족은 서로 지지하고, 인정하고, 밀어 주는 격려가 필요하다. 내 치부를 온전히 드러내도 보듬어 주고 만져 주는 그 사랑이다. 오늘도 로드무비처럼 인생길에 주님께서 밀어 주심을 믿고 함께 가는 것이다.

이 영화는 가족의 의미와 함께 상업화된 어린이 미인대회의 부조리함도 지적하고 있다.

잭 니콜슨
모건 프리먼
THE BUCKET LIST
버킷 리스트
죽기 전에 꼭 하고 싶은 것들
마지막 순간까지 아낌없이 즐겨라!
4월 9일, 두 남자가 행복한 세상을 연다!

'버킷 리스트'

애졸이는
노을 시간

사시나무 떨듯
하얀 시간
펼쳐 놓고

출렁거리는
속살 만지다가

움찔움찔
피어나는
가슴들 섞어

찢기운 속앓이
비틀어

옹골진
사랑 짜낸다.

버킷 리스트(The Bucket List)

• **감독** 롭 라이너 **출연** 잭 니콜슨, 모건 프리먼 **상영시간** 96분 **등급** 12세 관람가 •

'안노생' 이라는 말이 있다. '안락한 노년을 생각하는 모임' 의 준말이다. 늙으면 어떤 생을 살까? 은퇴 후 잘 적응할까? 외롭지는 않을까? 경제적인 대책은? 이런 서늘한 생각을 하고 있다면 이미 '안노생' 회원이 된 것이다.

안락한 노년의 조건이 있다. ① 부부가 다 건강하고 사이가 좋을 것 ② 경제적으로 독립할 것 ③ 친구가 있을 것 ④ 취미를 지닐 것 ⑤ 작은 일이라도 사회에 기여하는 일이 있을 것 ⑥ 인간과 사회, 그리고 자연에 대한 깊은 이해 ⑦ 하나님에 대한 영향력을 키워 나감.

우연히 한 병실을 나눠 사용하는 두 사람. 한 사람은 나이가 할아버지뻘 되는 백인이다. 다른 한 사람도 나이는 비슷해 보이지만 흑인이다. 피부색 깔만큼이나 둘은 다르다. 백인 재벌 사업가 에드워드(잭 니콜슨)는 세상의 부를 다 누리면서 살았다. 하지만 찾아오는 가족이나 친구가 없다. 그러나 자동차 정비사 흑인 카터(모건 프리먼)는 다르다.

하지만 아무런 관계도 없는 두 노인에게는 공통점이 있다. '나는 누구인가를 정리할 필요가 있다는 것' , 얼마 남지 않은 시간 동안 '하고 싶던 일' 을 다해야겠다는 것, 바로 인생을 정리하고 세상 떠날 준비를 해야 하는 두 사람이다. 그래서 두 사람은 '버킷 리스트' 를 작성한다. 죽기 전에 해야 할 일을 적어 놓은 목록(kick the bucket-양동이를 찬다) 곧 '죽는다' 는 숙어에서 유래한 말이다. 서로 다른 인생행로를 걸었지만 죽기 전에 두 사람은 꼭 하고 싶었던 일을 하나씩 목록에서 걷어차 내면서 또 다른 인생의 의미를 찾아간다. 버킷 리스트 ① 배낭 메고 세계 여행 ② 눈물 날 때까지 웃기 ③

엉덩이에 문신하기 ④ 최고의 미녀와 키스하기 ⑤ 친구한테 전화하기 ⑥ 최고 비싼 차로 카레이싱 ⑦ 스카이다이빙 등 마지막 순간까지 아낌없이 즐기면서 행복한 세상을 열어간다. 인생의 기쁨, 삶의 의미, 감동이 넘친다.

영화의 장르는 휴먼 코미디다. 죽음을 다루는 영화가 어떻게 코미디가 될 수 있느냐는 질문에 모건 프리먼은 "인생의 가장 중요한 의미는 인생이 사라지는 죽음 앞에서 가장 뚜렷이 드러난다. 이 부분에서 코믹한 부분이 자연스레 묻어나는 것 같다"고 대답했다.

카터와 에드워드의 대사를 보면 죽음이라는 무거운 주제를 유머스럽게 대하는 것을 확인할 수 있다.

K-장례를 어떻게 할지 고민이야. 매장한다 쳐. 난 밀실공포증이 있거든.

E-화장? 그럼 유골은 어쩌지?

K-갠지스 강 강물에 띄워 보낼까? 탈 때 뜨거우면 어떡하지?

E-월트 디즈니처럼 냉동되는 건 어때?

K-싫어, 화장할 거야. 깡통에 담겨서 전망 좋은 데 묻힐래.

E-깡통?

K-그래? 유골함은 어감이 싫거든.

E-그래, 그렇다면 납골당은 어때?

K-싫어. 인스턴트 커피 깡통 그걸로 난 족해.

이처럼 죽음을 즐긴다. 그러면서 지금 이 순간 가장 하고 싶은 일은 무엇인가를 아는 것이 확실히 죽음을 준비하는 것이다. 인생의 기쁨을 찾는 데 늦은 때란 없다는 사실을 실천하는 사람들이다. 하지만 먼저 카터가 떠나기 전 신앙, 천국, 하나님, 직접 언급은 없지만 내세에 대한 믿음이 있다. 그래서 에드워드에게 신앙을 권한다. 먼저 카터를 보내고 난 후 교회에서 간증(?)을 한다.

마지막 순간까지 아낌없이 즐기는 삶은 주 안에서만 가능하다. 죽기 전에 꼭 하고 싶은 것들, 버킷 리스트, 바로 주님과 동행하는 삶 그것이다.

WINNER
TORONTO INTERNATIONAL FILM FESTIVAL
최우수상 수상
사랑과 생명·치유에 관한 당신의 이야기
벨라
bella
사랑 이상의, 사랑
달콤하다. 밝은 빛에 안기는 느낌 뉴욕 타임즈
강렬하고 감동적이다. 영감을 주는 영화! CNN
올해 최고의 영화! 모든 이들이 보아야 할 영화이다 릭 워렌
2009년 10월 대개봉

'벨라'

하마터면
갈퀴로
속살이 찢어져
버릴 뻔했어요

이젠
쏟아진 환희의
바다에 슬며시
발을 적셔 보아요

선물로 준
축복의 스카프 쓰고
모래 위에서
사랑의 입맞춤으로

지워지지 않는
엄마의 젖가슴
그리워하면서.

벨라(Bella)

• **감독** 알레한드로 몬테베르드 **출연** 에두와도 베라스테구이, 타미 브랜차드
상영시간 91분 **등급** 전체 관람가 •

늦가을과 초겨울이 서성거리는 요즘 여러분은 사람 사는 세상에서 무엇이 가장 아름답다고 생각하는가? 그래도 사람이 가장 좋다. 그래도 사람이 희망이다. 사람은 시인이다. 하나님의 형상이며 작품 포이에마다. 사람을 상품으로 생각하는 현실의 안타까움이다. 다시 한 번 사람의 소중함을 생각하게 하는 영화가 있다.

〈벨라〉는 현실적이고 실제적인, 그러나 따스하고 감동적인 이야기다. 실화를 모티브로 각색하여 섬세한 연출을 하고 있다. 삶에 대한 열정을 잃은 한 남자와 삶에 어려움을 맞게 된 한 여자의 아름다운 러브스토리이다. 실화를 근거로 각색된 영화 〈벨라〉는 10년간의 이야기가 밀도 있게 배치되어 잔잔한 가운데 호기심을 놓지 않게 된다.

프로 축구선수인 호세(에두와도 베라스테구이)는 수백만 달러의 입단계약을 하러 가던 중에 뜻하지 않게 큰 사고를 내게 된다. 꿈은 산산조각이 나고 열정마저 잃게 된다. 그렇게 4년이 흐른다. 형이 운영하는 멕시코 레스토랑에서 주방장으로 일한다. 여기서 함께 일하는 웨이트리스 니나(타미 브랜차드)는 사랑하지 않는 남자의 아이를 임신한 사실을 알게 된다. 설상가상 몇 차례의 지각을 이유로 해고를 당하게 된다. 그녀는 정처없이 길거리에서 방황한다.

호세는 그녀의 뒷모습에 측은한 마음을 느낀다. 호세는 그녀에게 말벗이 되어 주기 위해 함께 바다에 가자고 제안한다. 호세는 그녀를 부모님 집으로 데려가고 자동차 안에서 잊고 싶었던 자신의 과거를 고백한다. 성공의 문턱을 넘기 직전 절망 속으로 발을 헛디딘 아픈 기억을 가지고 있는 호세는 무엇보다 한 여인에게서 가장 소중한 존재를 앗아갔다는 무거운 죄책감이 그의 마음을 짓누르고 있었다. 결국 두 사람은 서로의 상처를 만지게 된다. 니나는 호세에게 자신의 아이를 입양해 줄 것을 부탁한다. 호세가 그 제안을 수용하면서 그들은 기차에 몸을 싣고 이 한 순간을 시작으로 둘의 인생에 새로운 소망이 시작된다.

인생길에는 길동무가 필요하다. 함석헌의 시 〈그 사람을 가졌는가〉가 생각난다. 만리길 나서는 길 / 처자를 내맡기며 / 맘 놓고 갈 만한 사람 / 그 사람을 그대는 가졌는가 // 온 세상 다 나를 버려 / 마음이 외로울 때에도 / '저 맘이야' 하고 믿어지는 / 그 사람을 그대는 가졌는가 // 탔던 배 꺼지는 시간 / 구명대 서로 사양하며 / '너만은 제발 살아다오' 할 / 그 사람을 그대는 가졌는가 //불의의 사형장에서 / '다 죽여도 너희 세상 빛을 위해 / 저만은 살려 두거라' 일러 줄 / 그 사람을 그대는 가졌는가 // 잊지 못할 이 세상을 놓고 떠나려 할 때 / '저 하나 있으니' 하며 / 빙긋이 웃고 눈을 감을 /그 사람을 그대는 가졌는가 //온 세상의 찬성보다도 / '아니' 하고 가만히 머리 흔들 그 한 얼굴 생각에 / 알뜰한 유혹을 물리치게 되는 / 그 사람을 그대는 가졌는가.

바로 한 사람을 통해서 절망의 끝에서 희망을 길어 올린 것이다. 〈벨라〉는 우리 주변의 관계에 대한 새로운 시각을 제시할 뿐 아니라 생명의 소중함을 가르쳐 주는 훈훈한 영화다. 미국에서 이 영화를 보고 난 후 낙태를 결심했던 수십 명의 미혼 여성들이 생각을 바꿔 아이를 낳았다고 한다. 아이의 이름을 '벨라' 로 짓기도 해 '벨라 베이비' 라는 사회적 이슈를 낳기도 했다. 릭 워렌 목사와 빌 하이벨스 목사가 "모든 크리스천들이 봐야만 하는 최고의 영화", "숨 쉬고 있는 것조차 못 느끼게 할, 마음을 뒤흔들 만한 이야기" 라고 극찬한 영화다. 바로 치유에 관한 당신의 이야기다.

내 생애 가장 눈부신 기적!
타임지 선정, 최고의 영화 TOP10
제51회 Filmfare Awards 11개부문 수상
불가능을 가능으로 바꾼
희망의 언어
블랙
BLACK
A Sanjay Leela Bhansali film
Applause Entertainment presents
2009년 8월, 전세계 10억을 울린 감동대작을 만난다!

'블랙'

구겨진 시간들이
보이지 않고

다친 마음들도
말하지 못하고

파르르 떨며
눈물겹도록

뜨거운 스승의
살내음 섞어

어둠의 노래가
가슴으로 다가온다

살짝 입 맞추고
떠난 기억 조각들까지

지워진 사랑을
외치고 또 외친다.

블랙(Black)

• **감독** 산제이 릴라 반살리 **출연** 아예사 카프르, 아미타브 밧찬, 라니 무커르지
상영시간 124분 **등급** 전체 관람가 •

이처럼 감동적인 영화가 있을까? 다시 보고 싶은 영화. 영혼을 헹궈 주는 개운한 영화. 혼이 나가듯 영화가 끝날 때 감동의 쓰나미가 가슴으로 몰려오는 영화. 눈가를 적시게 하는 평생 잊을 수 없는 영화다.

소리는 침묵이 되고 빛은 어둠이 되던 시절, 불가능을 가능으로 바꾼 한 소녀의 희망 메시지다. 두 살 때부터 보지도 듣지도 말하지도 못했던 여덟 살 소녀 미셸 맥널리(아예사 카프르)는 짐승처럼 마음대로 생활한다. 가족들은 손으로 음식을 마구 집어먹고 집안을 휘젓고 다니는 것을 내버려둔다. 심지어 미셸의 몸에 종을 매달아 위치를 확인할 뿐이다. 절망이 극에 달한 부모는 마지막 방법으로 장애아를 치료하는 사하이(아미타브 밧찬) 선생님을 모시고 온다.

사하이 선생님은 자신만이 미셸에게 빛을 줄 수 있다고 믿는다. 짐승처럼 날뛰는 미셸을 자리에 앉히고 숟가락으로 음식을 떠먹는 법부터 가르친다. 사물을 손에 쥐어 주며 단어를 익히게 한다. 예컨대 물(water)이라는 개념을 이해하면서 언어체계를 습득한다. 미셸의 손을 자신의 입에 대고 발음을 시작한다. 그녀의 팔에 단어를 쓴다. 손을 마주 잡고 수화를 하면서 눈에 보이지 않는 새로운 세상을 보여 준다. 사하이 선생님의 열정과 정성으로 미셸은 대학에 진학하는 꿈을 이룬다. 하지만 성적이 부진하여 여러 번 낙제를 한다. 포기하려고 할 때마다 선생님은 말한다. "나는 너에게 불가능이라는 단어는 가르치지 않았다"는 것이다. 결국 졸업을 한다. 졸업식 때의 소감은 감동 그것이다. 하지만 나이 든 사하이는 자신이 알츠하이머에 걸렸다는 사실을 알고 말없이 미셸을 떠난다. 세월이 흘러 기적을 이룬 마흔 살의 미셸과 기억과 말을 모두 잃은 사하이가 재회하는 장면에서는 웃음과 눈물이 범벅이 된다. 세상이 포기하고, 심지어 자신마저 포기해 버린 인생이 과연 치유받을 수 있을까에 대한 해답이 있는 영화다. 0퍼센트의 가능성을 100퍼센트의 확신으로 만들어 준 영화다.

〈블랙〉은 19세기 미국의 감동 실화 헬렌 켈러의 이야기와 고스란히 겹쳐지는 영화다. 배경만 인도로 옮겨진 것이다. 감독인 산제이 릴라 반살리의 데뷔작〈카모시〉에서처럼 헬렌 켈러의 삶에 경의를 표하지만 초점을 미셸보다 사하이에 맞춤으로써 단순한 인간 승리 드라마에서 벗어나고자 한다.

장애로 인해 '어둠'에 빠진 상대방에게 환한 빛을 주려는 노력은 아가페적인 사랑이다. 뿐만 아니라 아무리 나이 차이가 있는 스승과 제자의 관계라 할지라도 남녀 간의 정이라는 굴레에서는 벗어날 수 없다. 미셸은 여성으로 성숙해 가고, 두 사람 사이엔 에로스가 스며든다. 결국 사하이 선생님은 키스를 해주고 떠난다. 이룰 수 없는 사랑에 대한 괴로움일지도 모른다.

〈블랙〉은 처음부터 애절하고, 보는 내내 마음이 아리다. 결국에는 눈물을 펑펑 쏟게 되는 것은 명대사와 함께 입체감이 있는 캐릭터와 그 캐릭터들을 완벽히 소화해 낸 배우들의 연기 때문이다. 소심한 장애인, 침착하고 인내심이 많은 조력자라는 익숙한 조합 대신 우악스럽고 성질 급한 스승 역의 인도 국민배우 아미타브 밧찬의 신들린 듯한 모습은 물론이고, 성숙한 미셸 역의 라니 무커르지, 그리고 어린 미셸을 맡은 아예사 카프르까지 힘있는 연기를 보여 준다.

Blind-아무도 믿지 않았던 한 소녀의 찬란한 기적의 영화. Love-사랑하는 사람의 영화. Alive-일상이 지치고 힘들 때 삶의 의욕을 북돋아 주는 영화. Cry-마음껏 울고 싶은 영화. Knock-각박한 마음을 열어 줄 영화다.

Ken Loach
때묻은 세상을 향한 유쾌한 반란
빵과 장미
Bread and Roses
STOP
DVD
VIDEO

'빵과 장미'

고달픈
휴지통으로
들어오다

뒤범벅된
한숨으로
들어오다

파팍해진
가슴으로
들어오다

보타진
세상으로
들어오다

서걱거리는
세월로
들어오다

속살 굳어진
영혼으로
들어오다

풋사랑 섞어
황홀함으로
들어오다.

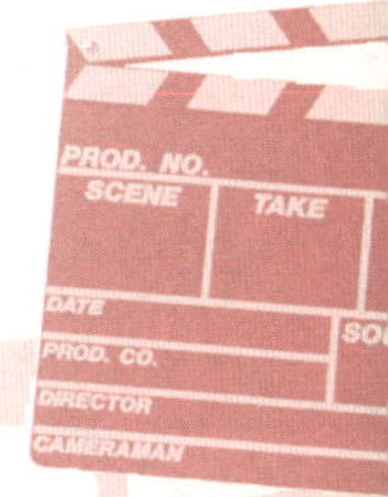

빵과 장미(Bread and Roses)

• **감독** 켄 로치 **출연** 필라 파딜라, 애드리언 브로디, 엘피디아 칼리로
상영시간 110분 **등급** 청소년관람불가 •

우리 주변에서 일어나는 부정과 가난 그리고 불합리에 대해 얼마나 고뇌하면서 살고 있는가? 특히 동남아에서 온 밀입국 노동자들을 바라보는 우리의 시각은 어떤가? 생존권을 외치는 노동자들, 비정규직으로 외롭게 투쟁하는 그들에 대하여 무슨 싸움 구경 하듯 무관심한 것은 아닌가? 이러한 질문에 대해 우리가 이 사회에 무엇을 할 수 있는가에 대한 대답이 영화에 있다. 우리가 생각하는 것 이상의 힘이 영화에는 있다는 것이다. 바로 켄 로치 감독의 영화들이다.

켄 로치 감독은 블루 칼라의 시인, 좌파영화의 십자군이다. 자유를 향한 억누를 수 없는 충동을 함께 나누는 노래가 바로 그의 영화다. 그의 작품 안에는 캐릭터의 활기와 생기가 넘친다. 노래하면서 외치는 정치성이다. 루저, 노동자, 무정부주의자, 사회주의자들의 각성을 그린다. 함께 부르는 노래는 그들이 자신이 누구인지 깨달았다는 증거다. 스스로 변화할 뿐 아니라 세계도 변화시킬 것임을 밝히는 다짐이다. 유토피아를 향한 열망을 함께하고자 하는 몸부림이다. 작품으로는 〈하층민〉, 〈레이닝 스톤〉, 〈레이디 버드 레이디버드〉, 〈랜드 앤 프리덤〉, 〈명멸하는 불꽃〉, 〈보리밭을 흔드는 바람〉 등이 있다.

〈빵과 장미〉는 멕시코에서 미국 국경을 넘어오며 아찔한 입국 신고식을 치른 마야(Maya-필라 파딜라 분)다. 그녀는 먼저 LA로 건너온 친언니 로사(Rosa-엘피디아 칼리로 분)의 도움으로 엔젤 클리닝 컴퍼니에 청소부로 취직한다. 하지만 청소 일보다는 엘리베이터 버튼을 층마다 누르면서 빌딩에서 근무하는 직원들을 골탕 먹이는 데 더 재미를 느끼는 아가씨다. 어느 날 경비원에게 쫓기던 샘(Sam-애드리언 브로디 분)을 얼떨결에 그녀의 쓰레기통 속에 숨겨 주게 된다. 첫달 월급은 고스란히 감독관에게 상납한다. 의료보험과 휴가는 생각조차 할 수 없는 형편이다. 그런데 단지 한 번 지각했다는 이유만으로 동료가 해고되자 그녀는 샘에게 도움을 요청한다. 그리고 감독관 모르게 동료청소부들과 더불어 그들만의 작전을 준비한다. 진공청소기와 황금 칠면조가 빌딩 사무실에 근무하는 변호사들의 성대한 파티를 망쳐 버린다. 자기와 동료를 배신한 것이 언니라는 사실을 알게 된 마야는 씩씩거리며 집으로 찾아가 로사를 다그친다. 꾹꾹 닫아둔 휴지통을 열어 보이듯 이야기를 털어놓는 로사다. 그녀의 고백은 한바탕 웃음이 지난 뒤에 오는 씁쓸함처럼 마야와 우리의 마음을 적신다.

이처럼 짧지 않은 필모그래피에서 언제나 우리의 가족, 친구, 이웃 같은 보통 사람들의 모습을 다뤄 온 켄 로치 감독이다. 재미와 감동을 고루 갖추는 데 성공한 〈빵과 장미〉는 수작이다. 도심의 빌딩 숲 한구석에서 내일의 행복을 바라며 한숨을 삼키는 우리의 이야기다. 돌발적인 해프닝으로 관객의 눈길을 끌지만 장면 장면에 묻어나는 재미와 웃음이 결코 만만한 것은 아니다. 그 속엔 웃다 보면 속 쓰리고 뼈 아픈 농담과 진실이 숨어 있다. 〈빵과 장미〉는 영화의 촬영이 지극히 제한되어 있는 LA 도심가에서 게릴라 식으로 찍었다. 배우 중 대부분은 현지 청소원들이다. 최저 임금도 못 받는 노동 현실과 극도로 가난에 찌들어 있는 상황을 알리고 싶은 감독의 의도다. 영화가 주는 작은 메시지는 큰 울림이 된다. 한국교회 역시 소외되고 가난한 이웃들의 현실을 외면하지 말고 타인의 아픔에 공감해야 한다. 그리고 '빵'이 생존을 위한 상징이라면, '장미'는 인간의 존엄성이다. 인간 해방을 위한 하나님의 현존이다.

로버트 다우니 주니어
제이미 폭스
"두 배우가 만들어낸 2009년 최고의 연기 조화"(Rolling Stone)
"관객의 마음을 움직이는 영화"(New York Observer)
솔로이스트
THE SOLOIST
올가을, 당신의 영혼을 연주할
단 하나의 감동 실화
〈어톤먼트〉〈오만과 편견〉 조 라이트 감독 | 워킹 타이틀 제작
www.thesoloist.kr

'솔로이스트'

빈 가슴으로
생의 비루함을
세상 한복판에서
다독거린다

쓸쓸한 마음자리를
잔잔한 울림으로
영혼의 선율이
어수선한 생각을
털어낸다

가던 길 서성거리며
눈물 없이 내지르는
애잔하고

끈적끈적한
외로움에
걸터앉아
지친 마음을
연주한다.

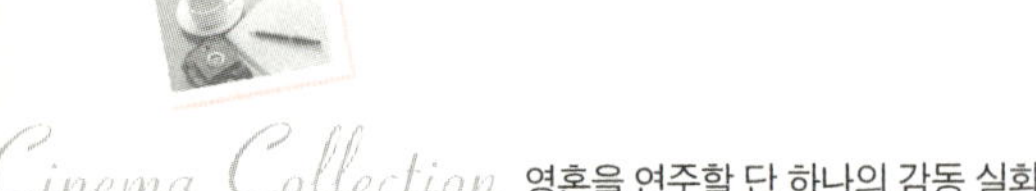

영혼을 연주할 단 하나의 감동 실화

솔로이스트(The Soloist)

• **감독** 조 라이트 **출연** 로버트 다우니 주니어, 제이미 폭스
상영시간 116분 **등급** 12세 관람가 •

매일 특종을 쫓으며 삶에 지쳐가던 LA타임즈 기자 스티브 로페즈(로버트 다우니 주니어)다. 가족도 친구도 멀어지면서 삶이 무료하기만 하다. 그러던 어느 날 길 한복판에서 첼로를 연주하는 노숙자를 만난다. 바로 나다니엘(제이미 폭스)이다. 무심코 지나치기엔 무엇인가 특별한 것 같은 예감이 들었다. 그래서 나다니엘과 이야기를 나누는 가운데 놀라운 사실을 알았다. 바로 그가 줄리어드 음대 출신이라는 것과 더욱 놀라운 것은 두 줄만 남아 있는 첼로를 연주하는 선율이었다. 천재음악가지만 그는 정신분열로 재능을 많이 나타내지 못하고 있다. 하지만 기자는 "두 줄의 첼로로 감동을 전하는 나다니엘을 말한다"는 제목으로 LA타임즈 저널리스트의 스페셜 취재일지를 쓴다. 반응은 폭발적이다.

첫째 날-갑자기 글이 막혔다. LA 길거리를 헤매던 중 내 귀를 사로잡은 음악을 들려준 그를 만났다. 그래 이거다! 둘째 날-그에게 말을 걸었다. 당신의 음악은 최고라고! 하지만 이 사람 뭔가 평범하지 않다. 셋째 날-두 줄의 첼로로 최고의 선율을 전하는 연주가 나다니엘, 그는 과연 누구인가? 천재적인 영감으로 연주하는 그의 재능을 난 세상에 알리기로 결심했다. 넷째 날-나다니엘은 음악에 미친 천재다. 하지만 정신적으로 나약하다. 난 그의 친구가 되어 그를 그만의 세계에서 빠져나오게 하고 싶다. 다섯째 날- 그의 재능은 점점 사람들의 이목을 끌지만 이런 상황이 부담스러운 나다니엘은 더 자신을 닫아 간다. 세상으로 그를 내보내려 했던 나의 노력이 잘못되었던 것이다.

이처럼 〈솔로이스트〉는 열정과 현실 사이에서 미쳐 버린 한 천재음악가와 그의 재능을 안타까워하는 신문기자 사이의 영혼을 울리는 음악과 진실된 우정의 이야기다. 겉보기에는 잘나가는 기자와 길거리에서 노숙자로 살아가는 천재음악가가 어떻게 교감하고 친구가 되어 가는지를 진득하게 그려낸다.

처음 나다니엘을 만났을 때 스티브의 삶은 황폐했다. 이혼한 전 부인과는 직장에서 계속 티격태격하며 살아간다. 자녀는 만난 지 이미 오래다. 거기에 교통사고까지 당한다. 한마디로 죽을 맛이다. 그러던 그가 나다니엘을 칼럼의 소재로 잡은 것은 줄리어드 음대를 다닌 음악가가 노숙자 생활을 한다는 특종이다. 그러나 내면에는 감동과 감화, 참된 우정이라는 끈끈함이 있다. 사람의 매력은 공감과 배려다. 그리고 함께 어울림이 편안함으로 다가오는 것이다. 마치 주님께서 우리를 종이라 부르지 않고 친구라고 부르신 것처럼 말이다.

이 영화는 2005년에 일어난 LA타임즈 기자 스티브 로페즈와 음악가 나다니엘 안소니 아이어스의 실화를 영화화한 것이다. 나는 이 영화를 보면서 1997년에 개봉하고 영화치유에 마중물로 나오는 〈샤인〉이 자연스레 오버랩되었다. 호주의 천재 피아니스트 데이비드 헬프 갓의 실화이다. 재능은 인정받았지만 유년 시절의 상처로 정신병원에서 세월을 보내는 영화다.

이 영화의 모티브는 베토벤이다. 스티브가 나다니엘을 처음 발견하는 장소는 베토벤 동상 아래다. 그는 귀가 먼 작곡가 베토벤과 비슷한 운명이다. 다리오 마리오넬리가 베토벤 교향곡 3번(영웅)과 9번(합창)에서 영감을 얻어 작곡했다는 음악은 감동의 물결이다. 〈오만과 편견〉, 〈어톤먼트〉의 감독 조 라이트가 〈아이언맨〉의 로버트 다우니 주니어와 〈드림걸즈〉, 〈레이〉의 아카데미 수상 배우 제이미 폭스 등 연기파 배우들과 환상적인 만남을 통해서 완벽한 앙상블을 보여 준다.

<타 이 타 닉> 감 독 작 품
아바타
12월, 새로운 세계가 열린다
WWW.FOXKOREA.CO.KR/AVATAR

'아바타'

울창한
판도라 밀림의
푸른 외계인

영혼의 나무 아래
하늘과 땅이
손 마주 잡아

쿵쿵거리는 그리움
훨훨 털어 버리고

외로움 섞어
촉촉해진 가슴
어루만지며

비로소
당신을 봅니다.

아바타(Avatar)

• **감독** 제임스 캐머런 **출연** 샘 워딩턴, 조 샐다나 **상영시간** 162분 **등급** 12세 관람가 •

미래 영화는 이런 것일까? 영화사의 한 획을 긋는 영화가 있다. 바로 〈타이타닉〉의 감독 제임스 캐머런의 〈아바타〉다. '아바타' 라는 말은 '자아의 형태' 를 뜻하는 산스크리트어다. 신이 인간의 육체를 가지고 이 땅에 내려오는 힌두교의 용어다. 크리슈나는 비슈나 신의 여덟 번째 아바타다. 기독교에서도 성육신이라는 인카네이션이다. 하나님으로서 인간이 되신 분이 바로 예수다. 이 신학적인 의미를 부여하는 것은 닐 스티븐슨의 사이버 펑크 소설 《스노우 크래쉬》다.

아바타는 가상 공간의 유령이 아니다. 그것은 육체를 가지고 현실 공간에서 활동한다. 인류의 마지막 희망으로 행성 판도라라는 물리적 세계를 정복하기 위한 '아바타' 프로젝트가 시작된다. 지구의 에너지 고갈 문제를 해결하기 위해 머나먼 행성 판도라에서 대체 자원을 채굴하기 시작한다. 하지만 판도라의 독성을 지닌 대기로 인해 자원 획득에 어려움을 겪게 된다. 그래서 인류는 판도라의 토착민 '나비' 의 외형에 인간의 의식을 주입해 원격 조종이 가능한 새로운 생명체 '아바타' 를 탄생시키는 프로그램을 개발한다. 하반신 불구의 전직 해병대원 '제이크 설리' (샘 워딩턴)는 판도라에 위치한 인간 주둔 기지에서 자신의 '아바타' 를 통해 자유롭게 걸을 수 있게 되어 자원 채굴을 막으려는 '나비' 무리에 침투하라는 임무를 부여 받는다. 임무 수행 중 '나비' 의 여전사 '네이티리' (조 샐다나)를 만난 '제이크' 는 다채로운 모험을 경험한다. 그러던 중에 네이티리를 사랑하게 되고 '나비' 들과 하나가 되어 간다. 하지만 머지않아 행성 판도라와 지구의 피할 수 없는 전쟁이 시작된다.

이 영화는 아바타의 세계 그 자체를 영화로 보면 된다. 캡슐에 들어가 아바타와 링크하는 메커니즘 자체가 완전히 창조된 세계이고, 그 이후 체험 자체가 영화적 경험이다. 한마디로 관객이 영화에 몰입해서 가상의 것들을 경험하고 만들어진 픽션을 체험하고 돌아오는 것이다. 162분 동안 말이다.

하지만 감독이 〈아바타〉를 통해서 전하고 싶은 메시지가 있다. 구체적으로 제이크 설리의 이야기에서 연상되는 인물이 키트 카슨이다. 그는 우연히 만난 '노래하는 풀' 이라는 인디언 처녀에게 반해서 그들의 언어를 배우고 그녀와 결혼해 아이를 낳고 인디언들과 친하게 지내면서 그들의 삶을 누구보다 잘 이해했다. 그러나 그는 이율배반적으로 인디언 최대 부족인 나바호족을 초토화하는 작전의 일등 공신으로 활약했던 것이다. 결국 〈아바타〉는 인간과 나비족의 전쟁 기록이다. 정치적인 면에서 최근 미국의 외교정책에 대한 풍자다. 용병들이 헬리콥터에서 뛰어내리는 장면들을 보면 베트남이 떠오른다. 또한 16-17세기 유럽인들의 아메리카 원주민 정책과도 연관이 있다. 미 제국주의자들의 서부 개척사와 일맥상통한다. 자원 개발을 목적으로 침략을 일삼는 인간들의 모습이다. 세상에는 피로 쓰여진 인류의 역사가 많다. 〈아바타〉가 명료한 메타포라고 감독은 말한다.

〈아바타〉는 3D 입체 효과로 주목을 끈다. 테크놀로지가 영화를 장악하는 시대에 영화 속의 철학은 무엇인가를 물었을 때 감독은 말했다. "아바타를 보고 나온 후 사람들이 모션 캡처나 CG에 대해 떠들어댈 거라 생각지 않는다. 오히려 영화의 러브 스토리와 감정적인 부분들에 대해 이야기할 거다. 내가 둘 사이의 균형을 마침내 찾은 것은 〈타이타닉〉부터다. 그리고 〈아바타〉도 마찬가지다."

기형의 공포 그 위를 흐르는 따스한 휴머니즘!
아카데미 8개 부문 노미네이트!
THE ELEPHANT MAN
엘리펀트맨
15세 이용가

'엘리펀트 맨'

등과 엉덩이
팔과 입
기형의 공포로
살아요

머리에 자루 쓰고
구경거리로
살아요

속살은
순백으로
살아요

파릇파릇
설렘과 떨림으로
살아요

우주의 입맞춤으로
춤추며
살아요

깨끗한 영혼이랑
황홀함으로
살아요.

엘리펀트 맨(The Elephant Man)

• **감독** 데이비드 린치 **출연** 존 허트, 안소니 홉킨스 **상영시간** 124분 •

내면보다는 외모에 중독되어 가는 현실에 충격을 주는 영화를 보았다. 이미 오래전(1980년)에 만들어진 실화를 바탕으로 한 작품이다. 〈엘리펀트 맨〉이다. 지난 2011년 2월 29일 EBS 일요 시네마에서 상영을 했다. 기형의 내면에 감춘 순수한 영혼을 만나게 되었다. 데이비드 린치 감독이 1977년에 내놓은 장편 데뷔작 〈이레이저헤드〉는 공해를 방출하는 악몽 같은 공업사회의 오염을 그려 낸 작품이다. 린치 감독은 〈블루 벨벳〉, 〈트윈픽스〉, 〈로스트 하이웨이〉 등으로 기괴하고 독특한 영화세계를 구축한 미국의 대표적인 '컬트 감독' 이다. 꿈을 꾸는 듯한 화면 연출과 인간의 내면에 자리잡은 어두운 성향을 기괴하고 냉소적으로 표현하는 데 남다른 재능을 가진 감독이다. 그의 작품은 미국사회의 내면의 어두움을 신랄하고도 흥미롭게 파헤친다. 특히 〈이레이저헤드〉에서 원초적인 공포증에 촉매 역할을 하면서 그 주제와 이미지들을 대부분 그대로 활용한다. 하지만 기괴하고 수수께끼 같은 은유가 아니라 감동적이고 휴머니즘적이다.

〈엘리펀트 맨〉은 린치의 두 번째 작품이다. 전무후무한 기형이지만 믿을 수 없을 만큼 깨끗한 영혼으로 많은 사람에게 큰 울림을 주었던 조지프 메릭(1862-1890)의 삶을 그린 것이다. 린치는 아름다운 흑백 와이드스크린에 19세기의 런던을 빅토리아 시대의 결벽증적인 감수성과 거칠고 지저분한 산업혁명의 현실이 충돌하는 추하고 불편한 현장으로 묘사했다.

19세기 런던, 엘리펀트 맨이라고 불리는 사내가 있다. 희귀병으로 온몸이 변형됐다. 병명은 '다발성 신경섬유종증' 이다. 머리통은 일그러졌고, 이마에는 큰 혹이 있다. 입술은 말려 올라갔고 입 위로 뼈가 튀어나왔다. 오른팔은 기괴하게 부풀어 움직일 수 없다. 등과 엉덩이는 수많은 혹으로 되어 있다. 한마디로 괴물과 같다. 당연히 그는 사람들의 구경거리가 될 수밖에 없다. 아니, 구경거리를 넘어 학대를 받는다. 바로 존 메릭(존 허트)이다. 그는 겉모습 때문에 사람들에게 조롱받는 걸 피하기 위해 늘 머리에 자루를 쓰고 다닌다. 그러던 어느 날 외과의사인 프레데릭(안소니 홉킨스)이 서커스단을 찾는다. 메릭에게 인간적인 연민과 의학적인 흥미를 느낀다. 특히 내면에는 훌륭한 감수성이 있음을 확인하게 된다. 메릭의 깨끗한 영혼에 감동이 된다. 병원에서 격리된 채 전심전력으로 치료를 시작한다. 그것은 결코 쉬운 일이 아니다. 그러나 메릭은 짐승이 아니라 인간임을 확인시켜 주기 위해 노력한다. 메릭은 잠시 인간적인 대접을 받으며 행복한 나날을 보내지만 병원에서도 그는 여전히 놀림거리일 뿐이다. 당시의 에티켓과 관습을 훈련받지만 주위 사람의 편견과 혐오는 그대로다. 그런 와중에 서커스 단장은 메릭을 납치해 대륙으로 데려가 사람들에게 구경시키면서 돈을 벌려고 한다.

나는 맨 마지막 순간에 깊은 감동에 젖었다. 메릭이 방 안에서 고딕 양식의 성당을 완성하고 그 첨탑을 올려다보는 것이다. 마음의 성전을 완성하는 듯한 모습이다.

흉측한 야수의 아름다운 내면을 통해 드러나는 서글픈 인간들의 자화상을 볼 수 있다. 사람을 더럽게 하는 것은 외형이 아니라 내면이다. 불륜, 탐욕과 악의, 음행과 시기, 중상과 교만, 도둑질과 살인, 어리석음이 마음 가득하다. 주님의 말씀이다. 겉은 깨끗하지만 속은 무덤이다. 외모를 보시는 것이 아니라 중심을 보시는 주님 앞에 메릭처럼 깨끗한 사람이 되어 하나님을 보는 복이 임하는 새해가 되길 기도한다.

음악의 힘이 이뤄낸 아름다운 감동 실화!
음악이 거리의 아이들에게 말했습니다.
"마음껏 희망하라"
기적의 오케스트라
엘 시스테마
EL SISTEMA
http://blog.naver.com/elsistema
2010. 8

'엘 시스테마'

허름한 곳에 구겨진 꽃들이
내일의 악기를 연주하는

나지막하게 다가오는 가슴이
굳게 닫힌 창 밖으로
고개를 내미는

사랑의 눈길이 닿은 곳곳에
따스한 햇살로
피어오르는

선율을 펼치는 순간에
찬란한 순백처럼
물들고 있는

묶여 있던 마음들이
앞다투어 얼룩진 시간을
다독거리는

한 묶음의 노래 되어
망가진 우주를 어울림으로
채워 가는.

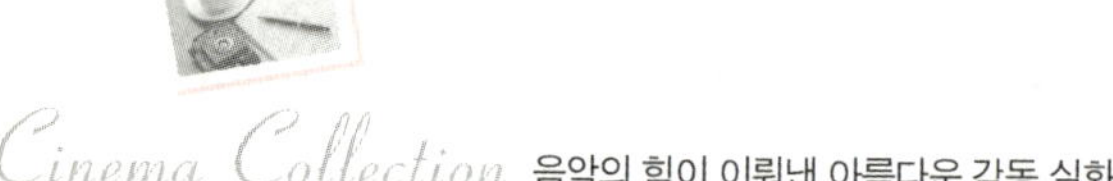

Cinema Collection 음악의 힘이 이뤄낸 아름다운 감동 실화

엘 시스테마(El Sistema)

• **감독** 파울 슈마츠니, 마리아 슈토트마이어
출연 호세 안토니오 아브레우, 구스타보 두다멜 **상영시간** 104분 **등급** 전체 관람가 •

가난과 폭력에 상처받고 거리를 떠도는 아이들의 마음을 음악을 통해 정화하여 훌륭한 사회 구성원으로 성장하게 하는 시스템이 바로 엘 시스테마다. 빈민가 아이들에게 악기를 나눠 주며 시작한 이 조직은 아브레우 박사의 평생에 걸친 헌신 덕분에 한 아이가 손에 바이올린을 드는 순간, 그 아이를 둘러싼 모든 세계는 음악의 신비로운 힘에 서서히 물들어 간다. 아이는 미래를 발견하고, 부모는 웃음을 찾고, 세상은 평화를 얻는다. 진심으로 희망하면 그것이 현실이 된다는 것을 보여 주는 실화의 감동이다.

바로 1975년 아이들에게 음악을 가르침으로 빈곤과 폭력의 위험으로부터 구출하겠다는 아브레우 박사의 생각과 의지에 따라 시작된 엘 시스테마는 지난 35년간 30만 명의 아이들에게 무료로 악기를 나눠 주며 음악이 가진 행복의 가치를 실현시키는 데 주력해 왔다. 아이들은 이곳에서 새로운 내일을 꿈꾸고 주어진 오늘을 즐길 수 있는 희망을 연주하는 법을 배웠다. 그리고 2010년 현재 베네수엘라에는 200개 이상의 오케스트라와 합창단이 활동 중이다. 바로 이 아이들의 기적 같은 이야기를 담은 영화가 〈기적의 오케스트라-엘 시스테마〉다.

1975년, 들리는 거라곤 총소리뿐이다. 어느 허름한 차고에 전과 5범 소년을 포함한 11명의 아이들이 모였다. 이들은 총 대신에 악기를 들었다. 난생 처음으로 음악을 연주하기 시작했다. 그리고 차고에서 열렸던 음악 교실은 35년 뒤 베네수엘라 전역으로 퍼져 나갔다. 거리의 아이들에게 새로운 오늘을 선물한 음악의 힘이 만들어 낸 순수한 감동이다.

엘 시스테마는 음악을 변화의 기본도구로 삼는 사회적 모델을 만들어 낸 것이다. 여기에 들어온 아이들은 그 안에서 자신의 삶을 지탱해 줄 소중한 가치와 관계를 얻게 된다. 이 가치와 관계는 지난 30년간 이 나라 전체를 바꿔 온, 그리고 앞으로도 바꿔 갈 충분한 힘을 지니고 있다. 뿐만 아니라 아이들에게 심리적 안정감을 준다. 솔로보다는 오케스트라 연주를 중심으로 실시되는 음악교육은 거리를 떠돌던 아이들에게 소속감을 준다. 질서와 책임과 의무, 그리고 배려 등의 가치를 익히게 한다. 그래서 건강한 사회 구성원으로 살아갈 수 있는 바탕을 마련해 준다. 아이들이 겪은 획기적인 변화는 그 가족과 이웃에게까지 전해진다. 가난과 폭력으로 얼룩져 있던 베네수엘라를 세계가 주목하는 문화 중심지로 탈바꿈시켰다.

음악을 비롯한 모든 예술적 표현은 자기만의 감수성과 내면의 확신을 키울 수 있도록 돕는다. 자존감을 회복시킨다. 그들은 수업과 리허설을 통해 우정과 상호 이해 연대의 가치를 얻는다.

종이로 만든 악기를 든 유치원생들의 앙증맞은 합창, 열정적인 아이들의 생생한 연습 현장, 그리고 세계적 오케스트라가 된 시몬 볼리바르 오케스트라의 웅장한 공연까지 거리 아이들의 인생을 바꿔 놓은 음악의 마력이 스크린에 그대로 되살아난다.

사실 이 영화는 음악이라는 영역을 넘어 한 사람, 한 사회의 운명을 바꿔 놓은 아름다운 이야기와 감동 그대로다. 변화의 가능성을 보여 주는 한 편의 드라마 같은 설교다. 기독교는 성장과 성숙이다. 그 사이에 가능성이다. 그것은 변화다. 영화는 말한다. 마음껏 희망하라고 말이다. 마음껏 삶을 살아갈 용기를 주는 2010년 최고의 음악 다큐멘터리 영화다. 감독인 파울 슈마츠니와 마리아 슈토트마이어는 "〈엘 시스테마〉에서 우리는 편견을 깨뜨리고 변화를 모색하며 사람들을 한데 모으는 음악의 위대함을 발견했다"고 말한다.

인생을 바꾸는 유쾌한 외침
예스?
짐 캐리
예스맨
YES MAN
12월 대개봉

'예스맨'

어둡고 지루한 시간
너덜너덜해진
고통의 동굴에서 빠져나와

텅 빈 가슴에
푸르른 넉넉함으로

말라 버린 사랑에
콸콸 솟아오름으로

흩날리는 빈 추억에
환한 끄덕임으로.

예스맨(yes-man)

• **감독** 페이튼 리드 **출연** 짐 캐리, 주이 디샤넬, 브래들리 쿠퍼
상영시간 104분 **등급** 15세 관람가 •

"지금처럼 혹독한 경제상황에 움츠러든 사람들에게 예스맨은 희망의 메시지를 전할 것입니다." 해리포터 시리즈로 유명한 프로듀서 데이비드 헤이먼이 기자회견에서 한 말이다. 새로운 대통령이 뽑힌 미국의 슬로건은 "예스, 위 캔"(Yes, We Can)으로 바뀌었다. 긍정적인 에너지가 공기 중에 둥둥 떠다니는 것을 증명이라도 하듯 짐 캐리가 미국 소시민의 삶에 소박한 희망을 담았다. 바로 〈예스맨〉이다.

짐 캐리는 미국 코미디의 제왕이다. 그는 웃음을 위해서 망가지기를 두려워하지 않는다. 할리우드의 통 큰 예스맨으로 살아왔다. 사실 짐 캐리는 자신이 오랫동안 심각한 우울증을 앓았음을 고백하기도 했다. 짐 캐리의 영화는 크게 세 종류로 나눌 수 있다. 첫째는 〈에이스 벤츄라〉와 〈덤 앤 더머〉처럼 얼굴, 몸, 근육을 모조리 애용하는 막 나가는 코미디다. 둘째는 〈라이어 라이어〉와 〈브루스 올마이티〉 같은 가족 대상의 선량한 코미디다. 그리고 〈맨 온 더 문〉, 〈이터널 선샤인〉, 〈마제스틱〉류의 좀 더 심각한 드라마들이다.

영화 〈예스맨〉의 주인공 칼 앨런(짐 캐리)은 친구들의 연락도 무시하고 거의 인생을 포기한 채 집에서 머무르면서 DVD만 보는 사람이다. 여자친구는 돈 많은 남자에게 가버렸고 대출담당자란 직업은 비전이 보이지 않는다. 희망도 의욕도 상실했다. No라는 말을 입에 달고 살던 우울한 남자였던 그가 친구의 권유로 '인생역전 자립 프로그램'에 가입하여 긍정적인 사고

가 행운을 부른다는 프로그램의 모토하에 모든 일에 'Yes' 라고 대답하기로 결심한다. 번지점프하기, 한국어 수업 듣기, 모터 사이클 타기, 온라인으로 데이트 상대 정하기, 남의 인생에 간섭하기 등 칼은 적극적인 생활에 들어간다. 지루했던 삶이 통쾌해진다. 이제 세상이 너무나 유쾌해진 칼이다. 한동안은 한없이 행복 그 자체다. 하지만 대출신청 서류마다 Yes, 구매 강요 온라인 쇼핑몰 메일에도 Yes, 만나자는 여자들의 전화에도 Yes, 무조건 Yes를 남발하면서 문제는 복잡해진다. 긍정적인 사고를 남발하면서 칼의 삶은 점점 더 고단해진다. 아수라장 같은 상황에서 이리저리 치이는 코미디는 짐 캐리의 전매특허다. 여주인공 앨리슨은 말한다. "난 인생은 놀이터라고 생각해요." 힘들수록 인생의 주인공이 되어 즐겁게 인생을 개척해 나가야 한다는 것이 메시지다. 하지만 모든 일이 예스로만 통하지는 않는다. 가끔은 '노' 도 필요하다.

나는 이 영화를 보면서 몇 가지 의미를 찾게 된다. 무슨 일이든지 부정적이고 냉소적인 것은 문제다. 자기 감옥에 갇힌 것이다. 그래서 바울은 자기의 예와 순종을 들어 고린도 성도들에게 '예' 와 '아멘' 의 신앙을 가르쳐 주고 있다(고후 1:15-24). 하나님의 약속은 얼마든지 '예' 가 된다. 그래서 예수 그리스도는 '예' 가 되심이다. 그래서 성도 역시 '예' 가 되어야 함을 말씀하신다. 그러나 미국의 실용주의 철학 속에서 잘못된 긍정의 힘은 신념과 처세술임을 기억해야 한다. 긍정의 힘이 기독교적인 가치관이 아님을 알아야 한다. 예수님께서 진리에 대한 태도를 분명히 할 것을 말씀하셨다. '너희 말은 옳다 옳다, 아니라 아니라 하라' 는 것이다. 두 아들의 비유에서도 처음에는 '아니오' 했지만 결국 순종한 아들과 처음에는 ' 예' 하고 순종하는 것처럼 했지만 결국 불순종하는 아들을 볼 수 있다. 무조건 예스맨이 아님을 기억하자. 듣기 좋은 말만 골라서 하는 예스맨이 아니다. 열 사람의 예스맨보다 자기 일에 책임질 줄 아는 한 사람의 No맨이 필요한 시대가 아닌가 싶다. Yes와 No를 분명히 하고 그다음 문제는 주님께 맡기자.

니모를 찾아서 라따뚜이를 뛰어 넘는 위대한 상상
예측불허!
차세대 영웅,
그가 지구 구하기에 나섰다!
WALL·E
Disney · PIXAR
월·E
8월 7일 대개봉
www.walle2008.co.kr

'월 · E'

텅 빈 지구에
홀로 남아

널브러진
탐욕을 치우다가

이쁘고 날렵한
이브를 만지는
짜릿한 전율

가르릉
가르릉

속 깊은 그리움에
움츠리고 뒤채다가

뜨겁게 달구어진
사랑을 꺼내어

속살 훤히 비치는
고빗 사이로

가르릉
가르릉.

월 · E(Wall · E)

• **감독** 앤드루 스탠튼 **출연** (목소리)벤 버트, 프레드 윌라드, 제프 가린
상영시간 104분 **등급** 전체 관람가 •

쓰레기 더미에 파묻힌 텅 빈 지구에 홀로 남아 쓰레기를 청소하는 작은 로봇, 이름하여 월 · E다. 흩어져 있는 쓰레기를 모아 압축해 블록 형태로 만든다. 이런 블록은 거대한 빌딩 숲이 된다. 월 · E는 쓰레기에서 발견한 보물들을 소중히 간직하고, 바퀴벌레와 친구가 된다. "하나님의 지으신 모든 것이 선하매 감사함으로 받으면 버릴 것이 없나니"(딤전 4:4) 그대로다.

어느 날 월 · E는 새로운 존재를 만난다. 우주선에서 내려온 미끈한 몸매를 한 로봇 이브다. 이브와 마주친 순간 월 · E는 목표가 달라진다. 잡동사니 수집으로 살아오던 인생이 그 삶의 의미를 생각한다. 바울이 다메섹 사건 이후 모든 것을 배설물로 여기고 오직 예수 아는 것을 가장 고상한 지식(빌 3:8)이라 고백함을 생각한다. 새로움에 눈뜸이다.

월 · E는 이브와 손을 맞잡고 사랑을 속삭일 때 눈을 찡긋거리며 가르릉나지막이 탄식한다. 인간보다 더 인간적인 로봇의 러브 스토리다.

월 · E는 말하는 기능이 없는 대신 행동으로 감정을 표현한다. 감정은 하나님의 선물이다. 이브의 손을 잡아 그녀에게 사랑을 전한다. 백 마디의 말보다는 그녀의 소중한 것을 지켜 준다. 그 순간 하늘에서 우주선 한 대가 내려와 이브를 데려간다. 월 · E는 무작정 그 우주선에 매달린다. 사랑은 죽음보다 강한 법이다(아 8:6).

지구를 떠난 인간들이 살고 있는 초대형 우주선 엑시엄 호의 출현이다. 이브는 그곳에서 보낸 지구 탐사 로봇이다. 월 · E는 상황을 판단할 능력이

상실되었다. 사랑에 빠졌기 때문이다. 그래서 무작정 이브의 뒤를 좇기 시작한다. 그런데 웬일인가. 이브를 해체하는 장면이 저 멀리서 보인다. 이것을 본 월 · E가 가만히 있을 수 없어 사고를 친다. 이브는 폭발해 버린 우주선을 바라보면서 후회하는 눈빛을 보인다. 그러나 그때 멀리서 소화기를 엔진 삼아 날아오는 월 · E가 보인다. 살아 돌아온 그가 반갑기만 하다. 이제는 좋아하는 감정이 사랑의 단계다.

〈월 · E〉는 픽사 애니메이션 예술의 진수를 보여 준다. 기존의 애니메이션보다 관객들이 사실감을 느낄 수 있도록 핸드헬드 기법과 스테디 캠을 많이 사용하는 새로운 시도를 했다. 역동적인 현장감이나 질감이 스크린에 가득하다. 뿐만 아니라 〈니모를 찾아서〉보다 벅찬 감동이다. 〈인크레더블〉보다 스릴 넘치는 액션이다. 〈라따뚜이〉보다 신선한 상상력을 선물해 주는 영화다. 어른과 아이가 함께 즐길 수 있는 환경영화이기도 하다. 여기에 성경에서 따온 '노아의 방주' 모티브를 더하고 있다.

제작자 린지 콜린스는 "월 · E는 의도를 가지고 행동하는 영웅은 아니다. 하지만 인간들이 어떻게 하면 다시 인간답게 살 수 있는지를 가르쳐 준다"고 말한다. 인간을 닮지도, 인간처럼 말하지도 않는 로봇이다. 그러나 누구도 예측 못한 신선한 웃음과 감동을 준다.

아무도 가 보지 못한 무한상상의 세계에서 지구를 구할 짜릿한 비밀을 알고 있다. 월 · E와 이브의 사랑이다. 문제가 복잡할 때 해결방법은 교과서대로 하면 된다. 인생 교과서는 바로 성경이다. 성경은 한마디로 '하나님은 사랑이시다(God is Love).' 최초의 아담과 하와의 타락을 회복하는 길은 새로운 아담인 예수다. 그분 역시 사랑 덩어리다. 쓰레기처럼 오염된 사랑에서 상큼하고 싱싱한 사랑의 노래 '뼈 중의 뼈요 살 중의 살' 이 되어 정호승 시인의 시처럼 사랑하다가 죽어 버려라.

Winner
Sundance International Film Festival
World Cinema Special Jury Prize Documentary
Winner
Bavarian Film Awards
Best Documentary
Winner
German Film Critics Awards
Best Documentary
Winner
German Camera Awards
Best Documentary/Feature
Winner
Festival Internacional de Cine Contemporaneo
Special Mention of the Jury
Winner
"It's all true" Documentary Film Festival
International Jury Prize
Winner
Flaiano International Film Festival
Best Foreign Film
Winner
European Film Academy Documentary
Prix Arte
Winner
40. Giornata Mondiale delle Comunicazioni Sociali
Winner
Festival du Film Rhônalpin
Special Prize of the Jury
언어가 사라진 뒤에야, 우리는 비로소 보기 시작한다
눈부시도록 아름다운 침묵의 세계
위대한 침묵
INTO GREAT SILENCE
http://blog.naver.com/greatsilence
12월 3일 개봉

'위대한 침묵'

깊은 계곡
눈부시도록
고요한 세계에
땡그랑 땡그랑

해가 뜨고
달이 지는
계절의 풍경에
땡그랑 땡그랑

땅에 닳도록
넙죽 엎드려
속삭이는 소리에
땡그랑 땡그랑

작은 불꽃들이
고독한 창문을 통해
활활 타올라
땡그랑 땡그랑

끊임없는 적막함에
자신의 영혼을
통째로 헹구며
땡그랑 땡그랑.

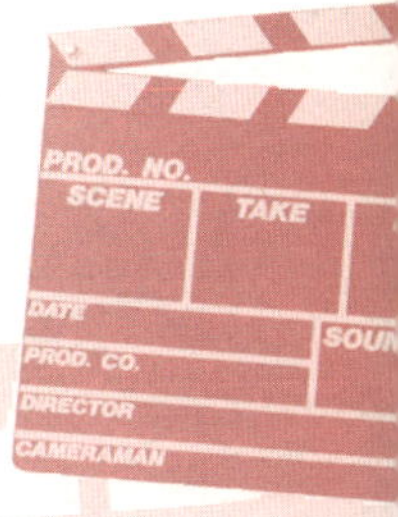

위대한 침묵
(Into Great Silence)

• **감독** 필립 그로닝 **상영시간** 168분 **등급** 전체 관람가 •

가장 좋은 때에 가장 좋은 방법으로 뜻을 이루실 하나님을 신뢰하는 2010년이 되길 기도한다. 그것은 바로 단순함과 침묵이다. 바쁘고 소란스런 일상에서 벗어나 내면을 고요히 들여다볼 수 있어야 한다.

해발 1,300미터 알프스의 깊은 계곡에 누구도 쉬이 들여다보지 못했던 고요함의 세계가 있다. 해가 뜨고, 달이 지고, 별들이 나타났다 사라지길 반복하는 계절 속에서 영원을 간직한 공간을, 그들만의 시간으로 만들어 나가는 이들이 있다. 바로 카르투지오 수도원의 일상을 담은 침묵으로의 여행 〈위대한 침묵〉이다. 이 수도원은 1084년 프랑스의 샤르트뢰즈 지역에 성 브루노에 의해 설립되었다. 가장 엄격하기로 유명한 수도회다. 한국을 포함해 전 세계에 19개의 수도원이 있으며, 수사는 총 370명이다.

의학과 심리학을 전공한 독일 출신의 필립 그로닝 감독이 마음속의 침묵을 맛보지 못했던지 침묵을 다룬 구름 같은 영화를 찍겠다면서 영화감독이 되었다. 감독이 된 그는 카르투지오 수도원에 촬영 허가를 신청했다. 그로부터 무려 19년이 지난 뒤 촬영 허가가 떨어졌다. 스탭 없이 홀로 독방에서 일상생활을 수도사처럼 함께하며 일체의 조명 없이 수도생활을 방해하지 않고 촬영하라는 조건이었다. 그렇게 6개월 촬영한 다큐가 바로 〈위대한 침묵〉의 168분이다. 그런데 놀라운 것은 러닝타임 세 시간이 〈킹콩〉보다 지루하지 않다는 것이다. 감독은 이곳에서 생활하는 수도사들의 침묵을 그냥 그대로 따라간다. 이 당황스러운 다큐멘터리에는 특정 수도사들의 인터뷰도, 그들의 행동을 이해할 만한 내레이션도, 감정을 배가할 음악도 등장하지 않는다. 수도원 산책이다. 수도원의 자연과 일상뿐이다. 어떤 윤색도 없다. 사실 봉쇄수도원이라는 것은 외부와의 단절과 노동과 기도와 거룩한 독서가 전부다. 그것도 침묵으로 한다. 오직 하나님과의 소통이며 대면이다. 한번 들어가면 죽어서 뼈조차도 나올 수 없다. 영원히 그곳에 머물며 자신을 하나님께 통째로 내려놓는 곳이다.

내가 아는 여자 봉쇄수녀원이 있다. 1987년에 한국 마산 수정리에 창립한 수정트라피스트 봉쇄수녀원이다. 29명이 종신서원을 하고 거기서 수도생활을 한다. 선거할 때만 외출이 가능하다. 취침을 저녁 8시에 하고 새벽 3시 45분에 기상을 한다. 자매들은 끊임없이 하나님에 대한 생각을 간직함으로써 하나님의 일을 하루 종일 이어 나간다. 지금 그곳은 세상의 탐욕과 자본이 할퀴고 있다. 그래서 장요세파 원장수녀와 공동체는 현장에서 하나님의 창조질서보존을 해방의 영성으로 몸부림치고 있다. 그곳 역시 자매들의 침묵의 위대함을 간직한 곳이다.

독일의 작가 막스 피카르트는 그의 저서 《침묵의 세계》라는 책에 시간은 침묵을 통해서 연장됨을 강조한다. "봄은 겨울로부터 오는 것이 아니라 침묵으로부터 온다. 꽃들은 침묵 위에 내려앉고 계절의 순환을 경험한다. 여름의 소란 속, 숲속에 숨어 있던 침묵은 침묵으로 현현한 겨울의 눈에 의해 마침내 볼 수 있는 대상이 된다. 이처럼 시간에는 침묵이 동행하고, 시간은 침묵에 의해 규정된다." 〈위대한 침묵〉은 은둔하는 수도사들이 매일매일 똑같은 창문을 통해서 바라보는 겨울의 눈과 똑똑 떨어지는 빗방울, 초록의 싱그러운 잎사귀들, 고요히 떨어지는 나뭇잎들 사이에서 갖는 위대한 침묵이다. 삶의 느린 리듬에 관한 시적인 에세이다. 변함없이 반복되는 일과 속에서, 속도와 경쟁을 강요하는 현대사회에서 그동안 잊고 지냈던 일상의 의미를, 그리고 사물의 가치를 느끼게 한다. 이 다큐는 한국교회에 큰 도전을 주는 영화다.

덴젤 워싱턴
게리 올드만
일라이
THE BOOK OF ELI
www.eli2010.co.kr
2010년 4월 대개봉
2043년 폐허가 된 지구
인류 운명을 건 대결이 시작된다!

일라이

우중충한 세상에
너덜너덜해진 우주를
날밤 새며
목마름으로 걸어간다

닳고 해진
이야기를 먹으며
적막을 통곡하면서
서쪽으로 서쪽으로

책갈피에 묻어난 향기 마시며
흐트러진 가슴 펼치며

묵묵히 황금빛 모시고
울음 삼키며
올곧게 걸어간다.

일라이(The Book Of Eli)

• **감독** 앨버트 휴즈, 앨런 휴즈 **출연** 덴젤 워싱턴, 게리 올드만, 밀라 쿠니스
상영시간 117분 **등급** 15세 관람가 •

요즘 극장가에는 종말에 관한 영화가 많다. 〈2012〉, 〈더 로드〉, 〈크레이지〉, 그리고 〈일라이〉다. 건조하고 황폐해진 암울한 미래가 보인다. 사실 이상 기후 현상과 대지진, 화산 폭발 등 각종 자연재해는 이 시대를 향한 하나님의 경고다. 2043년의 세상, 그 암담한 미래를 살아가는 한 남자 '일라이'(덴젤 워싱턴)의 여정이다. 이 영화는 구원자나 영웅을 그린 영화가 아니다. 물 한 모금도 구하기 힘든 건조한 땅이다. 뿐만 아니라 보호 안경을 착용하지 않으면 시력을 상실할 정도로 내리쬐는 강한 태양빛이다. 폐허가 된 건물과 모래바람만 불어대는 폐허의 공간들뿐이다. 〈더 로드〉처럼 온통 모래와 재로 뒤덮인 잿빛 세상이다. 그 위에 널브러진 시체 사이로 앙상한 뼈만 남은 고양이 한 마리가 날카롭게 울고 있다. 그 순간 고양이를 향해 날아오는 화살이 고양이를 명중한다. 그리고 한 남자가 등장한다. 얼굴에 방독면을 쓰고 복장 역시 방독으로 무장한 그 사나이가 일라이다.

영화 〈일라이〉의 원제는 "The Book Of Eli"다. 원제 그대로 일라이가 가지고 있는 책과 그것을 빼앗아 세계를 지배하려는 악의 축 카네기(게리 올드만)의 대결이다. '나 이외에 누구도 손대지 못한다.' 인류를 지키기 위한 마지막 전사다. 하지만 빼앗으려는 자 '그건 꼭 필요한 열쇠야!' 세계를 지배하려는 승자독식의 힘이다.

일라이는 인류의 미래를 위해 자신이 가지고 있는 책 한 권을 서쪽으로 무사히 옮기는 것이 임무다. 그는 밤낮으로 몰래 그 책을 읽는다.

도대체 그 책이 무엇일까? 물론 나는 처음부터 그 책의 정체를 파악했다. 시작과 함께 대사 및 내레이션으로 등장하는 자막을 통해서 성경임을 짐작하게 한다. 일라이 여정 가운데 카네기와 동거하던 시각장애인 여자의 딸 솔라라(밀라 쿠니스)가 가담한다. 카네기의 협박에 못 이겨 일라이를 염탐하던 솔라라는 점점 일라이에 동조하기 시작한다. 죽음에 직면했을 때 도움을 주고받기도 한다. 특히 일라이의 걸음걸이 속에 하나님께서 함께하심을 확인한다. "여호와는 나의 목자시니 내가 부족함이 없으리로다……나의 평생에 선하심과 인자하심이 정녕 나를 따르리니 내가 여호와의 집에 영원히 거하리로다"라는 시편 23편을 암송할 때 말씀의 능력을 보게 된다. 하지만 결국 성경책을 빼앗긴다.

일라이는 자신이 그 자체에 너무 집착한 것을 알게 된다. 성경책보다는 성경 정신을 알게 된다. 카네기는 보물을 손에 넣은 듯이 기뻐한다. 그러나 비밀의 책을 열어 보지만 도무지 읽을 수가 없다. 바로 점자 성경이다. 목회자가 부끄럽고 놀란 것은 일라이가 임종하기 직전에 말씀의 전부를 창세기 1장부터 암송하여 받아쓰게 한 것이다. 사실은 걸어다니는 성경이 되어야 함을 깨닫는다.

형제 감독 앨버트 휴즈와 앨런 휴즈는 '보이는 게 전부가 아니라 믿음으로 움직인다' 는 것이다. 지금 우리의 여정은 어디를 향해 가고 있는가? 탐욕의 시대다. 모든 것을 빵으로 선택한다. 바알의 우상들이다. 하지만 사람이 빵으로만 살 수 없음을 일라이가 그토록 소중하게 생각한 말씀인 성경에서 말한다. 그것만큼은 양보할 수 없는 것이다. 오늘의 세속주의에 물든 교회가 말씀을 수호하고 있는가 물어보고 싶다. 베드로가 은과 금은 없지만 예수 그리스도의 이름으로 일어나 걸으라고 했다. 지금 우리는 예수 그리스도의 이름은 없지만 돈의 이름으로 일어나 걸으라고 하고 있지는 않은지 묻고 또 물어야 할 것이다.

TOUCHSTONE HOME VIDEO
「시네마 천국」
필립 느와레
'96 아카데미 음악상수상,
5개부문 노미네이트!
최우수작품상, 감독상, 남우주연상, 음악상, 각색상
서울극장 개봉작
일 포스티노
IL POSTINO

'일 포스티노'

날아오는 사연을
자전거에 태워
허름한 마음
털어 버리고 간
너

바깥 소식과
반짝이는 생각을 섞어
가슴속에
내려놓고 간
너

아득한 그리움을
서글픈 그물 소리에 묶어
속내 드러내고 간
너

허물어진 목마름에
마중물 한 바가지
건네주고 간
너.

일 포스티노(IL PosTino)

• **감독** 마이클 래드포드 **출연** 필립 느와레, 마시모 트로이시
상영시간 116분 **등급** 전체 관람가 •

파블로 네루다 탄생 100돌(2004년)을 맞이하여 영화 〈일 포스티노〉의 원작 소설《네루다의 우편 배달부》를 번역 출간했다.

네루다는 서정적인 낭만 시인이다. 이어서 민중 시인으로, 그리고 정치가로 거듭난다. 소설과 영화는 이러한 실화를 바탕으로 당시의 상황을 사실적으로 그려내고 있다. 단 소설은 칠레 공산당 예비 후보가 된 1969년에서부터 1973년까지 말년을 보낸 섬 이슬라 네그라에서의 생활을 그린다. 하지만 영화 〈일 포스티노〉는 네루다가 아내와 함께 이탈리아의 남부 작은 섬 칼라 디 소토에 연금되어 있는 것으로 시작한다.

어촌 마을의 풍광, 그리고 감동의 선율, 거기에 파블로 네루다의 시와 착한 주인공들의 만남이 어우러진 한 편의 서정시와 같은 영화가 바로 〈일 포스티노〉다. '일 포스티노' 는 '우편 배달부' 라는 뜻이다. 노벨상을 수상한 세계적인 칠레의 시인 파블로 네루다는 조국에서 추방당해 이태리 정부가 마련해 준 나폴리 근처 작고 아름다운 섬으로 오게 된다. 그 후 섬의 작은 우체국에는 전 세계에서 네루다에게로 날아오는 수많은 편지들이 쌓인다. 고민하던 우체국장은 어부의 아들 마리오를 네루다의 전용 일 포스티노로 고용하게 된다.

처음에는 단순히 우편 배달부와 수취인으로 만난다. 그 과정에서 마리오는 미녀들을 유혹하기 위해 시를 쓰기 시작한다. 하지만 마리오는 사실 시가 무엇인지를 모르는 사람이다. 네루다는 때묻지 않은 순박한 마리오에게 호감을 갖는다. 마리오는 점차 시, 비유 등에 눈뜨기 시작한다. 이때 베아트리체를 만나게 된다. 마리오는 네루다의 시를 인용하며 구애하는데 우여곡절 끝에 네루다가 두 사람의 인연을 도와준다.

하지만 평화롭고 아름다운 섬에서의 네루다의 생활은 짧았다. 추방령이 해제된 네루다는 칠레로 귀국한다. 마리오는 정신적 공황 상태에 이르지만 외로움을 극복하고 시인으로서의 삶을 다진다. 그는 이제 시인의 눈으로 사물을 바라볼 수 있다. 파도 소리, 스치는 바람 소리, 서글픈 그물 소리, 성당의 종소리, 반짝이는 수많은 별 등 주변의 사소한 것에 대한 새로움이다. 마리오는 그것을 녹음하기 시작한다. 시각의 청각화다. 시인이 된 우편 배달부가 에메랄드 빛 투명한 목소리로 전하는 사랑의 시네 포엠이다.

처음으로 〈네루다 선생님께 바치는 시〉를 쓴다. 바다를 내용으로 한 것이다. 그러나 이탈리아를 떠난 네루다는 그동안 바쁜 일정 가운데 마리오를 잊고 지낸다. 몇 년이 지난 후 네루다는 마리오를 찾아 섬으로 돌아온다. 하지만 마리오가 사회주의 집회장에서 네루다를 기리는 시를 낭송하려고 단상으로 향하던 중 진압군에 쫓기다 군중에 밟혀 생을 마친 후였다.

〈일 포스티노〉는 실화다. 순박하고 가난한 우편 배달부 마리오와 세계적인 시인 네루다가 시를 매개로 인간의 순수한 내면을 성찰하면서 시심을 그려내는 작품이다. 스카르메타는 〈일 포스티노〉가 제작되기 전에 스스로 이 작품을 저예산 영화로 만들었다. 칠레에서 15만 명의 관객을 동원한 작품이다. 아카데미 음악상, 외국영화 사상 22년 만에 처음으로 아카데미 최우수 작품상을 수상하기도 했다. 특히 필립 느와레, 이탈리아 최고의 국민배우 마시모 트로이시의 신들린 연출은 감동 그대로다.

나는 이 영화가 바로 시론이라고 생각한다. 시란 무엇인가를 비롯한 시의 결정적인 순간을 비유와 상징으로 그려내고 있다. 시의 본질을 알 수 있는 시 교과서다. 이처럼 시는 체험이다. 작품이다. 포이에마다.

FESTIVAL DE CANNES
SÉLECTION OFFICIELLE
COMPÉTITION
움직일 수 있는건 왼쪽 눈 뿐...
하지만 세상과 소통하기엔 충분했다
침묵에 빠진 육체, 자유로운 영혼..
잠수종과 나비
THE DIVING BELL AND THE BUTTERFLY
2008년 제80회 아카데미
4개부분 노미네이트
감독상 / 촬영상 / 각색상 / 편집상
2008년 제65회 골든 글로브
2개부분 수상
최우수 감독상 / 최우수 외국어 영화상
2007년 제60회 칸 영화제
감독상 수상
EUREKA PICTURES

‘잠수종과 나비’

쓰러져
이지러진 날개로
파닥거리며
끔벅끔벅

해맑은 가슴
흔적지게
그리워
끔벅끔벅

쉴 새 없이
가슴으로 스며오는
비상의 꿈
끔벅끔벅

마지막까지
빛바랜 사랑꽃
피우기 위해
하늑이며
끔벅끔벅.

잠수종과 나비
(The Diving Bell and The Butterfly)

• **감독** 줄리앙 슈나벨 **출연** 매티유 아맬릭, 엠마누엘 자이그너
상영시간 111분 **등급** 12세 관람가 •

나비가 되어 날아간 한 남자의 치열하고도 아름다운 생의 마지막 노래. 세상에서 가장 아름답고도 애절한 이야기가 스크린으로 찾아왔다. 바로 프랑스 패션 전문지 〈엘르〉 편집장 '장 도미니크 보비' 의 실화다.

그는 저명한 저널리스트이자 자상한 아버지이며, 멋진 생활을 사랑했다. 또한 그는 똑똑한 대식가이며, 좋은 말을 골라 쓰는 유머러스한 멋진 남자였다. 앞서 가는 정신의 소유자로서 누구보다도 자유를 구가하던 그는 1995년 12월 8일 금요일 오후 갑자스런 뇌졸중으로 쓰러졌다. 3주 후 의식을 회복했으나 그가 움직일 수 있는 것은 왼쪽 눈꺼풀뿐, 그로부터 그의 또 다른 인생, 비록 15개월 남짓에 불과한 '새로운 인생' 이 시작되었다.

자유로운 삶을 상상하던 장은 자신의 일과 사랑, 인생에 대한 책을 쓰기로 결심한다. 여성편집자인 클로드 망디빌이 읊조리는 알파벳에 맞추어 유일한 의사소통 수단인 왼쪽 눈꺼풀을 깜빡거려 써내려간 글이 하루에 반쪽 분량, 15개월 동안 20만 번 이상 깜빡거려 완성한 책의 제목이 《잠수복과 나비》다. 비록 자신의 육체는 갑갑한 잠수복 같지만 자유로운 영혼은 언제든 나비처럼 날아오를 수 있다는 믿음이 만든 기적이다. 육체는 침묵에 빠졌지만 그의 영혼은 자유 그것이다.

장은 자신의 책 속에서 영원히 갇혀 버린 잠수종을 벗어나 자유로이 날아다니는 한 마리의 나비로서 또 한 번의 화려한 비상을 꿈꾼다. 움직일 수 있는 것은 왼쪽 눈뿐이지만 세상과 소통하기엔 충분했다. 몸은 말을 듣지 않지만 마음은 날아감을 느낄 수 있다. 눈물겨우면서도 결코 평정을 잃지 않는 장의 모습은 무한한 감동의 세계로 인도한다.

"나는 이 책을 나의 두 아이들에게 남기고 싶다. 나는 아이들에게 용기를 주고 싶다. 이 책을 쓸 수 있게 한 힘의 원천은 아이들에 대한 나의 사랑이었다"고 그는 말한다.

1997년 3월 첫째 주《잠수복과 나비》는 프랑스 전 서점에 일제히 깔렸다. 그는 자기만의 필법으로 쓴 자신의 책을 소중한 눈으로 볼 수 있었다.

1997년 3월 9일 장 도미니크 보비는 옥죄던 잠수복을 벗어던지고 나비가 되어 날아갔다, 자유로운 그만의 세계로. 살아남은 자들에게 희망과 용기를 주며 삶의 그 모든 것들이 얼마나 소중한가를 새삼 일깨워 주고서.

줄리앙 슈나벨 감독의 카메라는 장의 왼쪽 눈이 세상을 보는 상을 그대로 잡아낸다. 눈을 깜빡이는 것처럼 갑자기 암흑이 찾아오기도 하고, 다른 생각을 하는 동안 눈앞의 인물이 사라지기도 한다. 나는 이 영화를 고난주간을 앞두고 보았다. 그리고 이 글은 부활주일을 앞두고 쓴다. 마치 고난과 부활을 생각하게 된다. 죽음이라는 잠수복과 부활이라는 나비다.

시작은 빙산이 무너지지만 마지막은 무너진 빙산이 다시 올라가는 장면도 무척 인상적이며 메시지가 있다. 지금 좌절과 낙심에서 허우적거리지만 내일은 희망이다. 물론 희망고문이 되어서는 안 된다. 인간의 의식이 얼마나 소중한 것인가를 보여 주는 찬란한 아름다움이다.

영화감독이자 전 세계적으로 인정받는 화가인 줄리앙 슈나벨은 60회 칸 영화제 감독상과 85회 골든글로브 외국어 영화상과 감독상을 수상했다. 주인공 장을 연기한 매티유 아맬릭은 눈꺼풀 하나로 그의 인간관계와 심리변화를 유머러스하고 감동적으로 표현해 찬사를 받았다. 또한 장의 생활을 그대로 담은 프랑스 병원은 실제 치료를 받았던 곳으로, 도미니크 보비가 느꼈을 시선과 감정을 그대로 전달하는 데 중요한 역할을 했다. 감독은 말한다. "이 영화를 본 후 인생에 대해 회고해 보고 자의식을 찾을 수 있는 기회가 되기를 바란다." 다시 살아남의 기쁨이 가득하다.

월드컵에 미친 스님들의 배꼽 빠지는 이야기!

CUP

컵

부처님! 호나우도가
브라질을 위해 뛰고있는데
어떻게 수도에만 전념하란 말입니까?

전체
이용가

전국 극장 개봉작

PALM PICTURES HANWAY FILMS COFFEE STAIN KHYENTSE NORBU "THE CUP"
JAMYANG LODRO ORGYEN TOBGYAL NETEN CHOKLING JOHN SCOTT PAUL WARREN DOUGLAS MILLS & PHILLIP BEAZLEY
HOOMAN MAJD & JEREMY THOMAS MALCOLM WATSON & RAYMOND STEINER KHYENTSE NORBU

'컵'

초록 이불
위에서

아이들
어른들
섞여

공격도
수비도
없이

이기고
진 것도
없이

너
나
없이

맨발로
깡통을
뻥 차며

신바람으로
우르르
달려간다.

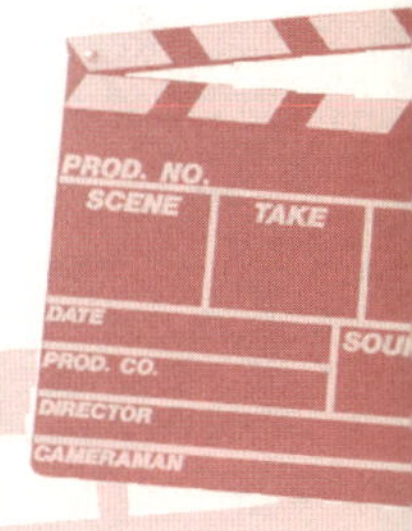

컵(The Cup)

• **감독** 키엔츠 노부 **출연** 잠양 로드로, 오르그엔 토브기알, 네텐 초클링, 라마 촌저
상영시간 93분 **등급** 전체 관람가 •

'공과 여자' 라는 유머가 있다. 십대는 축구공이다. 열댓 명은 쫓아다닌다. 이십대는 농구공이다. 대여섯 명은 따라다닌다. 삼십대는 골프공이다. 한 명이 따라다니면서 멀리 날아가도 임자는 있다. 사십대는 탁구공이다. 서로 상대방에게 가지라고 양보를 한다. 오십대는 피구공이다. 서로 맞지 않으려고 피해 다닌다. 육십대는 오재미다. 공도 아닌데 공인 척한다.

월드컵을 비롯한 축구를 좋아하는 사람들이 많다. 월드컵 계절이 돌아오면 지구촌은 컵에 관심을 집중한다. 하지만 월드컵에 한 번도 출전하지 못한 월드컵의 변방 인도다. 피버노바 축구공을 꿰매다 눈이 먼 어린 소녀가 산다. 그 인도 변방지역인 티벳 망명자들이 모여 사는 작은 사원에서 과연 월드컵이란 무엇인가?

중국에 점령당한 티벳을 떠나 히말라야 사원을 찾은 신참 승려 팔덴(쿤장 니마)과 니마(페마 썬덥)는 월드컵 열기에 홍청이는 사원 분위기에 당황한다.

사원의 마당에서는 빈 코카콜라 병을 축구공으로 생각하고 어린 스님들은 그것으로 축구를 한다. 엄숙함이나 경건함은 없다. 그것은 월드컵이 열리면서 축구 열풍이 사원 곳곳을 달궈 놓은 때문이다. 축구 슬로건이 걸려있다. 수도승들은 입으로는 불경을 읽으면서도 눈은 스포츠 잡지와 화보에 집중되어 있다.

사원에는 주지스님과 기강을 잡고 전통을 전수하는 사명을 가진 상좌 스

님이 있다. 그리고 부모 없이 사원에 맡겨진 동승들이 있다. 중국의 탄압과 가난 때문에 국경을 넘어 보내진 꼬마 스님들이다. 그들은 동승답게 수업 시간에 졸기도 하고 딴 짓도 한다. 특히 월드컵을 보고 싶어 하는 마음이 간절하다. 그중에서도 오기엔(잠양 로드로)은 법복 밑에 '호나우두' 라고 씌어진 티셔츠를 입고 있을 정도로 축구에 열광한다. 부처 벽화 위에 호나우두 사진을 도배할 정도다.

월드컵 개막 전날 친구 로도(네텐 초클링)와 함께 팔덴을 설득해서 한밤중에 마을에 가서 준결승전을 보는 모험을 감행한다. 결국에 게코(오르그옌 토브기알) 상좌스님에게 들킨다. 하지만 오기엔은 포기하지 않고 프랑스와 브라질의 결승전을 보기 위해 TV를 빌려 오기를 게코에게 부탁한다.

결승전을 보게 해달라는 동승들의 청은 수락된다. TV와 위성 안테나를 빌리기 위한 작전에 돌입한다. 돈을 걷는다. 그때 명대사가 기억난다. "수도승은 돈을 빼앗으면 안 돼. 수도승은 돈에 집착하면 안 돼."

지금 한국교회의 위기도 탐심이라는 우상숭배 때문이 아닌가.

급기야 돈을 마련하여 TV를 빌리러 갔지만 대여점 주인은 월드컵 특수 때문에 대여료가 올랐다는 것이다. 동승들은 엄마가 준 시계를 만지작거린다. 결국 반강제적으로 시계를 접수해서 안테나를 달고 총동원되어 결승전을 구경한다. 그런데 이 모든 것을 주도했던 오기엔은 자기 방으로 간다. 자신의 보물을 꺼낸다. 새 축구화. 어머니가 주신 칼. 아마 시계를 찾아 주려는 마음이다. 주지 스님은 그것을 알고 돈을 갚아 주겠다고 한다.

부탄 최초의 장편영화로 실제 승려 출신 키엔츠 노부 감독의 〈컵〉은 단순한 월드컵 이야기가 아니다. 무게 잡지 않은 담백한 연출과 동승들의 자연스러움이 세대와 문화의 어울림이다.

축구공은 둥글다. 세상은 둥글다. 인간의 모난 부분을 사랑으로 둥글게 해서 조화와 융합의 아름다움으로 마음을 추스르게 하는 영화다.

짐 캐리
전세계가 기다린 3D 판타지 블록버스터가 온다
로버트 저메키스 필름
DISNEY
크리스마스 캐롤
WALT DISNEY PICTURES AND IMAGEMOVERS DIGITAL PRESENT A ROBERT ZEMECKIS FILM JIM CARREY "DISNEY'S A CHRISTMAS CAROL" GARY OLDMAN COLIN FIRTH BOB HOSKINS ROBIN WRIGHT PENN CARY ELWES
3D디지털과 IMAX 3D로도 상영 – 11월 26일 대개봉

'크리스마스 캐롤'

먹먹해진
안개 가슴 한 구석에

욕망의 달콤함을
잘근잘근 씹으면서

소름 끼치는
일상을 끼고 살다가

성가신 맘과 몸
내려놓고

달에 홀린
새벽이 깨면

깍정이는
어울림으로 죽어

詩 사람으로
새로 나다.

크리스마스 캐롤
(A Christmas Carol)

• **감독** 로버트 저메키스 **출연** 짐 캐리, 콜린 퍼스 **상영시간** 96분 **등급** 전체 관람가 •

대림절 마지막 주를 보내면서 〈우리들의 일그러진 하나님〉이라는 졸시를 여러분과 함께 나눈다.

짐승만이 들락거리는 / 죽임의 시대 // 찬바람 불어와 / 누군가 울고 있는 곳 // 꽁꽁 얼어 붙은 / 낮고 비천한 곳에 // 남루한 우리의 / 얼어버린 가슴에 // 오소서 // 몸 굽어 / 오소서 // 엷아지고 얕아진 / 마음에 / 오소서 // 생명의 밥으로 / 오소서.

성탄절을 눈앞에 두고 월트 디즈니는 찰스 디킨스의 《크리스마스 캐럴》을 각색해 또 다른 명작을 만들었다. 내용은 이미 여러분이 잘 알고 있는 그대로다. 19세기 런던의 생활상은 열악하기 짝이 없다. 인구의 4분의 1을 차지하는 상위 계층과 하위 계층의 생활수준이 달랐다. 중산층은 전문직 계층이 많았다. 이러한 때에 주인공 스크루지는 고리대금업자 지주 같은 계급에 속한다.

그 시대에는 먹고 살기 위해 가족 모두가 일을 해야 했다. 사실 디킨스는 부모가 빚을 져 감옥에 있는 동안 가족을 부양하기 위해 열두 살에 학교를 그만두고 구두 도료공장에서 노동을 했다. 설상가상으로 불황과 대흉작으로 굶주린 그 당시에는 일하는 어린이들이 많았다. 몸집이 작고 수척한 어린이들은 꽃과 성냥을 팔고 있을 때 돈 많은 부자들은 마차를 타고 거리를 누비면서 가난한 자들을 향해서 온갖 잡동사니를 던져 주었다. 이처럼 가난한 자들에게는 사생활도, 가정의 행복도 없었다. 터무니없이 비싼 방세 때문에 도시 빈민들의 고통은 이루 말할 수 없었다. 거지 가운데 어린이들이 다수였다.

디킨스는 작품을 통해서 정부의 무능력을 지적함과 동시에 사람들의 의식을 깨웠다. 유령이 등장하는 초현실적인 작품이지만 사회를 향한 비판의 메시지이기도 하다. 18-19세기 교회 역시 엘리트와 지식인의 본거지였다. 가난에 무관심했다. 이러한 사실은 우리 사회가 빅토리아 시대의 런던과 별로 다를 바 없다는 것을 보여 준다. 이처럼 디킨스의 작품은 가혹한 현실과 유령적 세계를 넘나들며 사회적 양심을 깨운다. 스크루지는 인생 최대의 공포를 느끼는 순간 죽음을 경험한다. 그리고 변화된 후 새롭게 태어난다.

감독인 로버트 저메키스는《크리스마스 캐럴》을 읽었을 때 "찰스 디킨스가 마치 원작을 영화로 제작하기 위해 썼다는 생각이 들었다"고 말한다. "원작이 눈에 보이는 듯 선명하고 영화적이어서 최신기술을 동원해 찰스 디킨스가 머릿속으로 그렸을 모습을 보여 주고 싶었다"는 것이다. 이 작품을 통한 또 하나의 기술적 진보가 놀랍다. 3D 입체 효과다. 특히 카메라가 런던 시내를 엄청난 속도로 질주하는 오프닝 시퀀스는 눈을 믿을 수 없을 정도로 환상적이다. 런던의 지붕들을 내려다보며 첨탑을 피해 미친 듯이 날아다니다가 좁은 런던의 골목으로 활강하는 모습은 감동이다. 또한 짐 캐리의 표정연기는 역시 뛰어나다. 스크루지의 어린 시절부터 노역까지 모두 소화했다. 과거, 현재, 미래의 유령 역시 직접 목소리 연기를 해냈다. 처음 등장하는 유령은 짐 캐리만이 할 수 있는 코미디 본능이 집약되고 있다. 조연을 맡은 배우들 역시 인상적이다. 스크루지의 구박을 감내하는 직원 밥 크라칫, 밥의 어린 아들 팀, 스크루지의 죽은 동업자 말리는 게리 올드만이 연기를 했다.

하지만 연기나 영화로 끝나는 〈크리스마스 캐롤〉이 아니라 "가난한 사람들은 항상 너희 가운데 있을 것이다"라는 주님의 말씀에 어떻게 반응하면서 살 것인가가 이 시대와 우리에게 주시는 하나님의 음성이다.

Two-Disc Special Edition
Tom Hanks
Catherine Zeta-Jones
A STEVEN SPIELBERG Film
The Terminal
터미널
DVD
VIDEO
DREAMWORKS
HOME ENTERTAINMENT

'터미널'

예기치 못한 슬픈 소식이
시간을 정지시키고
꿈마저 흐트러지게 하네

어수룩한 그리움에
찌그러진 언어

쭈그리고 있던 기다림처럼
헐렁한 울음 삼키다가

벌떡 일어나
먹먹한 상처 조각들 모아
망가진 세월을 수리하네.

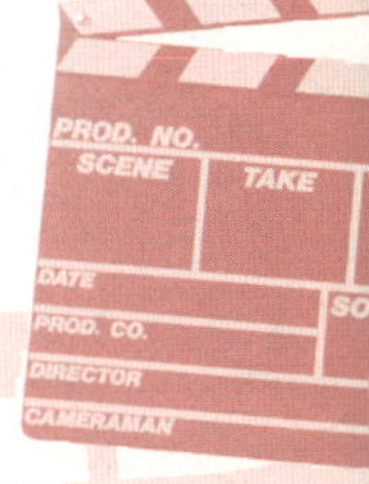

터미널(The Terminal)

• **감독** 스티븐 스필버그 **출연** 톰 행크스, 캐서린 제타 존스
상영시간 128분 **등급** 전체 관람가 •

나는 공항 가까운 곳에 산다. 공항 터미널에 가보면 만남과 헤어짐을 목격한다. 공통점은 그저 바쁘다는 것이다. 그런데 원하지 않게도 공항이 집이 되어 버린 남자가 있다.

미국의 심장인 뉴욕. 세계의 축소판인 다양한 인종과 사건이 톱니바퀴처럼 맞물린 거대한 도시다. 이 도시에 발을 들여놓기 위해서는 JFK 공항을 거쳐야 한다. 유럽의 작은 나라 '크로코지아' 의 평범한 남자 빅터 나보스키(톰 행크스)는 도전과 기회의 꿈을 안고 공항에 도착한다. 하지만 입국심사대를 빠져나가기도 전에 들려온 청천벽력 같은 소식이다. 고국에서 쿠데타가 일어난 것이다. 고국으로 돌아갈 수도 없고, 뉴욕으로 갈 수도 없게 된 것이다. 빅터가 아무리 둘러봐도 머물 곳은 공항 터미널뿐이다. 9개월 동안 공항 터미널 67번 출구 옆이 자신의 방이 된 것이다.

빅터는 갑작스런 국가 부재로 공항 환승장에서 관리국의 조치를 마냥 기다리는 신세가 된다. 계속해서 미국은 기다리라는 말만 되풀이한다. 그러나 내전은 점점 악화되어 가고 있는 상황이다. 조국이 있음을 감사하면서 버티지만 한계는 있다. 이제는 생존전략이다. 대기실 의자를 붙여서 침대를 만든다. 카트를 수거해서 모은 돈으로 굶주림을 해결한다. 서툴지만 영어도 배운다. 친구도 사귄다. 좋아하는 여자도 생겼다. 하지만 공항에 머물고 있는 빅터는 자본주의 삶에 익숙하지 못하다. 광야 같은 터미널에서 살아내며 돌아가신 아버지에게 약속한 뉴욕 방문을 할 수 있을 때까지 기다리는 것이다.

몇 개월이 지나갔다. 이제 변한 것은 빅터뿐만이 아니다. 그의 등장과 생존은 공항 전체 분위기까지 바꿔 놓았다. 절대절망은 없다. 위기를 기회로 바꾸는 절대희망의 노래다. 남아 있는 것은 시간뿐이다. 손재주도 있다. 화장실 뒷벽에 내팽개쳐져 있는 공사를 밤 사이에 깨끗이 마무리한다. 아침에 출근한 공사 팀에게 인정을 받게 된다. 그 덕으로 일거리를 얻는다. 높은 연금을 받고 아름다운 여인 아멜리아(캐서린 제타 존스)와 데이트를 한다. 양복도 사 입는다. 특히 아멜리아와 사랑하는 사이가 되면서 대화를 할 때마다 나폴레옹과 조세핀의 에피소드가 언급된다. 겉보기에는 어눌하고 좀 부족하게 보인다. 그러나 넉넉함과 진솔함 그것은 훈훈한 감동과 참된 리더십을 가르쳐 준다. 어려운 사람을 도와주는 빅터는 자신도 모르는 사이에 영웅 아닌 영웅이 되어 간다.

두 연인 사이에서 결정적인 공통점을 확인할 수 있다. '기다림' 이다. 유부남을 사랑하고, 그가 자신에게 돌아오기를 기다린다. 애인의 호출을 기다린다. 비행시간을 기다리는 그녀의 삶은 지쳐 있다. 그녀의 아픔에 다가오는 빅터는 뉴욕으로 갈 수 있는 허가증을 기다린다. 결국 사랑은 이루어지지 않지만 뉴욕으로 갈 수 있는 허가증이 빅터에게 나온다.

〈터미널〉은 실화를 토대로 재구성한 영화다. 프랑스 드골 공항에서 살고 있는 메르한 카리미 나세리가 있다. 그는 왕정 반대시위를 했다는 이유로 고국인 이란에서 추방을 당한다. 여러 번 망명을 시도한 끝에 가까스로 영국정부로부터 난민확인서를 받는다. 하지만 영국 히드로 공항에서 난민확인서를 분실한다. 결국 입국을 거부당한다. 다시 프랑스 드골 공항으로 돌아온다. 그러나 프랑스 역시 비슷한 이유로 그의 입국을 거부한다. 결국 프랑스 드골 공항 1터미널에 눌러앉게 된다. 1988년의 일이다.

터미널의 만남과 헤어짐. 기다림과 떠남. 또 하나의 터미널이다. 인생 터미널에서 현존하신 주님을 만나는 감동이다.

제임스 맥어보이
헬렌 미렌
전세계는 그의 작품을 사랑했고
그녀는 그의 모든 것을 사랑했다
2010년 아카데미
골든글로브 노미네이트
인디펜던트 스피릿 어워드
국제비평가협회상 주요부문 노미네이트
로마 영화제 여우주연상 수상
톨스토이의
마지막 인생
스크린으로 만나는 거장 톨스토이의 위대한 삶과 사랑
2010.12

'톨스토이의 마지막 인생'

하얗게 새운 밤이
고적한 새벽길 떠난다

어쩌지 못하는 너를
가슴에 담고
저미는 길 떠난다

아련한 추억 속으로
영혼이 울렁거리는
고독의 길 떠난다

쭈글쭈글해 버린
시간을 탓하면서

그리움을 더듬으며
아스라이 먼 길 떠난다.

톨스토이의 마지막 인생
(The Last Station)

• **감독** 마이클 호프만 **출연** 헬렌 미렌, 크리스토퍼 플러머
상영시간 113분 **등급** 15세 관람가 •

"내가 아는 모든 것은 사랑하기 때문에 알게 된 것이다." 톨스토이의 《전쟁과 평화》 중에서 나오는 말이다. 2010년이 저물어 간다. 톨스토이 서거 100주년이다. 하지만 잠잠하기에 기억이 없다. 그런데 다행히 제이 파라니 《톨스토이의 마지막 정거장》 소설을 바탕으로 마이클 호프만 감독이 만든 영화가 개봉되었다.

톨스토이는 백작 칭호를 가진 대 귀족이다. 또한 향리 야스나야 폴랴나에 영지를 가진 부호다. 세계적 명성을 가진 작가다. 그런 그가 여든두 살에 가족과 재산, 편안한 삶을 버리고 고독한 홀로의 삶을 살기 위해 차가운 가을 새벽 여행길에 올랐다. 부인에게도 알리지 않고 딸 하나를 데리고 비밀리에 시작한 여행이었다. 급기야 그는 급성 폐렴에 걸려 11월 20일 아스타포보라는 조그만 시골의 기차역장 집에서 죽음을 맞이하였다.

우리는 《전쟁과 평화》, 《안네 카레리나》 등 작품의 여운은 오래 간직해도 정작 그것을 남긴 이의 삶을 기억하지 못하는 경우가 많다. 특히 《부활》은 당시 핍박받던 분리파 종교 공동체를 위해 인세를 모두 기부했다. 소수자와 약자를 위한 작가의 공감이다. 여기서 말하는 톨스토이즘(Tolstoyism)은 그가 작품에서 강조한 자유와 평등, 박애, 사랑에 대한 메시지다. 지금도 톨스토이즘은 인류에 많은 가르침을 주는 인도주의다.

물론 사유재산 폐지를 주장하지만 하녀를 부리고 산다. 톨스토이의 사상에 심취해 톨스토이주의자라면 섹스를 멀리해야 한다고 믿는 청년 발렌틴에게 톨스토이가 들려주는 '고언'은 젊은 시절 기억조차 희미한 여자와 하루에도 섹스를 두 번씩이나 한 이야기다. 가족의 행복이나 가족의 미래는 안중에도 없는 무책임한 가장이다. 〈톨스토이의 마지막 인생〉은 톨스토이의 위선과 작품대로 살지 못한 거짓을 까발리는 영화는 아니다. 위대한 이들의 인간적인 삶의 한 모습을 보는 것이다. 오히려 모순의 삶을 있는 그대로 수용하며 그대로 받아들이는 것이 톨스토이 사상이라고 할 수 있다.

나는 인간을 향한 주님의 시선이 있는 모습 그대로임을 본다. 오히려 껍데기를 화려하게 꾸미는 것이 가증스러운 것이다. 톨스토이가 죽음 앞에서 불완전한 그들 모두를 그리워하는 장면은 잔잔하지만 묵직한 영혼의 떨림으로 남는다.

발렌틴은 톨스토이의 개인비서로 고용된다. 발렌틴이 톨스토이의 집에서 생활한 지 얼마 안 되어 톨스토이(크리스토퍼 플러머)는 자신의 신념을 실천하기 위해 작품의 저작권을 사회에 환원하겠다고 선언한다. 그러나 평생 톨스토이를 내조한 부인 소피아(헬렌 미렌)는 가족을 버리려는 남편을 도무지 이해할 수 없어서 분노한다. 발렌틴은 사랑과 신념이라는 선택의 기로에서 힘들어하는 톨스토이와 극심한 배신감을 느끼는 소피아 사이에서 큰 혼란을 겪는다.

톨스토이의 마지막 비서였던 발렌틴은 톨스토이와 그를 둘러싼 주변 인물들의 모습을 객관적인 시선으로 일기에 기록했다. 톨스토이의 인간적인 모습까지 섬세하게 담은 발렌틴의 일기가 제이 파라니라는 작가의 손을 거쳐 《톨스토이의 마지막 정거장》이라는 전기 소설로 탄생한 것이다. 〈톨스토이의 마지막 인생〉은 톨스토이의 삶과 사랑, 그리고 고뇌를 스크린을 통해서 확인할 수 있는 영화다. 전 세계는 그의 작품을 사랑했고, 그녀는 그의 모든 것을 48년 동안 사랑했다.

2010년 아카데미가 선택한 바로 그 영화!
아카데미 최다 6개 부문 수상!
작품상, 감독상, 각본상, 편집상, 음향상, 음향편집상
죽음보다 더한 두려움과 맞서다!
폭발물 제거반 EOD
허트 로커
THE HURT LOCKER
〈폭풍속으로〉 캐서린 비글로우 감독 작품
4월, 전 세계를 전율시킨
위대한 걸작을 만나다!

'허트 로커'

꽃들이
뼛속 깊이 뚫고
찬란한 시간을 도려낸다

망가짐 속에서
속창아리 없는
불꽃놀이를 한다

찢어진 가슴들이
해찰하는 사랑을 향해
이젠
제발

무너진 영혼들이
아우성 속에서
이젠
제발.

Cinema Collection 죽음보다 더한 두려움과 맞서다!

허트 로커(The Hurt Locker)

• **감독** 캐서린 비글로우 **출연** 제레미 레너, 안소니 마키, 브라이언 게러티
상영시간 130분 **등급** 15세 관람가

인류사는 전쟁사라고 해도 과언이 아니다. 그러니 영화사에도 전쟁은 필수다. 미국 역시 9 · 11테러 이후 최다 비중을 차지하는 영화가 전쟁영화다. 골치 아픈 숙제로 남겨진 이라크전이다. 〈자헤드-그들만의 전쟁〉(2005), 〈리댁티드〉(2008), 〈엘라의 계곡〉(2009) 등 이라크전을 이야기한다. 이라크전 당시 미군을 위협하는 살상무기는 바로 불법 사제 폭탄이었다. 이라크 바그다드에서 특수 임무를 수행하는 폭발물 제거반 EOD에서 모두가 신임하던 톰슨 상사가 불의의 사고로 죽자 새로운 팀장 윌리엄 제임스 중사(제레미 레너)가 부임한다. 제임스는 탁월한 실력을 갖춘 인물이다. 하지만 제임스의 독단적인 임무 수행으로 팀원들에게는 위험천만한 상황이 자주 벌어진다. 그런 상황에서도 그는 "죽음보다 더 두려운 건 임무 실패다"라고 말한다. 873개의 폭탄을 제거한 폭발물 제거의 베테랑급다운 말과 행동이다. 카리스마적인 리더십이다. 그러나 다른 팀원들은 불안하고 갈등이 깊어진다. 이제 제대까지 남은 기간은 D-38일. 샌본 하사(안소니 마키)다. '38일만 무사히 넘기면 본국으로 귀환이다' 라는 희망이 있지만 독단적인 팀장과 충돌하는 팀원이다.

환경에 따라서 다를 수 있지만 참 리더는 더디더라도 함께 가는 것이다. 가까운 사람들에게 상처를 주면서 일을 추진하다 보면 비참한 결과를 초래할 수 있다. 그들의 관계 속에서 오웬 엘드리지 상병(브라이언 게러티)은 "도대체 우리는 무엇을 위해 싸우는 거죠?" 하면서 생사를 담보로 한 전장

한복판에서 방황한다.

〈허트 로커〉는 82회 아카데미 역사상 여성 최초 작품상, 감독상을 수상한 캐서린 비글로우 감독의 영화다. 강렬한 영상과 섬세한 심리묘사로 관객의 심장을 뒤흔드는 탁월한 연출력을 자랑하는 실력파 여성 감독이다. 그녀는 이 영화에서 전쟁터의 실상과 군인들의 내면을 생생한 심리묘사와 환상적인 액션으로 뼛속 깊이 침투하는 긴장감을 선물한다. 하지만 감독은 "전쟁을 배경으로 하고 있지만 이 영화는 어디까지나 이라크에서 활동하고 있는 미국 폭탄 제거반 대원들에 대한 이야기일 뿐"이라고 한다. 사실 비글로우는 에둘러 말하는 대신 직설화법을 택했다. 이 영화는 감동적인 이야기나 영웅담과 같은 전쟁영화는 아니다. 폭탄을 제거하는 것만이 유일한 생존의 메커니즘이다. 그리고 하루 종일 폭탄을 제거하고 숙소로 돌아온 후에는 사람을 죽이는 비디오 게임으로 무료한 시간을 보낸다. 이처럼 〈허트 로커〉는 그들 사이의 정신적 역학관계가 어떻게 바뀌어 가는지, 종국엔 어떤 충격적인 결과를 맺는지 집요하게 추적한다.

브라이언 터너가 2003년부터 2004년까지 11개월 동안 이라크에서 복무하면서 쓴 시가 2005년에 출간되었다. 당시 종군기자였던 마크 볼(〈허트 로커〉 시나리오 작가)이 브라이언 터너의 시를 전해들었을지도 모른다.

여기엔 상처밖에 남은 게 없다 / 총알과 고통밖에 남은 게 없다 / 그리고 과다출혈의 진창 / 그리고 좆 같은 쓰레기 전부 / 그리고 상처받은 이들의 예수 그리스도밖에는 / 여기엔 상처밖에 남은 게 없다 / 보면 믿어야 한다. 12살 아이가 / 방으로 수류탄을 굴려 넣을 때 / 보면 믿어야 한다. 네 명의 남자가 / 택시에 내려 모술 거리에 / 총알과 화염을 퍼부을 때 / 상처의 저장고를 열어 / 칼과 이빨들로 만들어진 게 뭔지 / 보라! 상처의 저장고를 열어 / 칼과 이빨들로 만들어진 게 뭔지 / 보라! 상처의 저장고를 열고 보여 달라 / 험악한 사내들이 영혼을 어떻게 사냥하는지.

이제 더 이상 심장을 포박한 전쟁의 묵시록은 없어지길 간절히 기도한다.

神의 숨결로 가득찬 완벽한 映像美!
'93 아카데미 3개 부문 노미네이트,
'93 아카데미 최우수 촬영상 수상작!
5개 개봉관 동시 개봉 화제작!
호르는 강물처럼
몬타나의 금빛 물결에 띄우는 깊고 영원한 삶의 영상기도,
로버트 레드포드의 인생 수채화!
주연 : 크레이그 쉐이퍼, 브레드 핏, 톰 스커리트 감독 : '보통사람들'의 로버트 레드포드

흐르는 강물처럼

갯가에
아비와 자식이
살내음 섞어
부서진 세월을
만진다

보타진 가슴
낚싯대에 싣고
풋풋한 사랑
낚아 올리며

갯밝이에
팔딱팔딱 숨쉬는
거친 세상을 낚싯줄에 걸어

말라 비틀어진
시간을
헹구고 있다.

흐르는 강물처럼

(A River Runs Through It)

• **감독** 로버트 레드포드 **출연** 크레이그 셰퍼, 브래드 피트, 톰 스커릿, 브렌다 블레신
상영시간 123분 •

느림과 쉼의 영성으로 내면을 들여다보는 시간이 필요하다. 노먼 맥클레인 교수의 자전적 소설을 영화배우 출신의 로버트 레드포드가 연출한 〈흐르는 강물처럼〉이다. 사실 강은 흘러야 한다. 하지만 지금 정부는 흐르는 강물을 막아서 생명의 젖줄을 죽이고 있다. 강에다 포클레인으로 하나님의 창조 질서를 망가지게 하고 있다.

〈흐르는 강물처럼〉은 낚싯밥을 꿰는 한 노인의 손이 클로즈업된다. 그리고 플라이 낚시 장면으로 끝난다. 계곡과 하천과 플라이 낚시로 유명한 미국 서부 로키 산맥 기슭의 아름다운 풍경을 만나게 된다.

"우리 집안에는 종교와 플라이 낚시 사이의 명확한 구별이 없었다" 고 주인공의 형인 노먼은 회상한다. 동생 폴은 "몬태나에서 늦으면 안 되는 것이 세 가지 있다. 교회, 직장, 낚시다" 라고 말한다. 이처럼 낚시는 하나의 신성함과 예술작품으로 승화되고 있다.

아버지인 맥클레인 목사는 두 아들인 노먼과 폴에게 낚시를 가르친다. 피아노 연주자가 박자를 맞출 때 쓰는 메트로놈을 작동시킨다. 큰아들 노먼은 아버지로부터 낚시질과 더불어 글 쓰는 법도 배운다. 그 과정에서 갈등과 오해도 생긴다. 이처럼 맥클레인 목사는 낚시를 통해서 아들들에게 삶의 방식을 가르친다.

하지만 두 아들의 반응은 다르다. 착실한 큰아들 노먼은 아버지의 가르침을 충실히 따른다. 하지만 둘째 아들은 거칠고 자유 분방 그대로다. 아버지의 방식대로 하지 않고 자신만의 낚시 리듬을 터득한다. 굉장히 저항적이고 독립적인 폴은 스스로의 인생을 만들어 나간다. 노먼은 점잖고 온화한 동부의 정신이다. 폴은 자유롭고 야성적인 서부의 혼이다.

결국 노먼은 동부에 있는 다트머스 대학에 다니기 위해 고향을 떠난다. 폴은 서부의 고향을 떠나지 않는다. 술과 도박으로 분방한 생활을 하다가 누군가의 손에 의하여 죽고 만다.

형 노먼은 인생의 말년에 이르도록 동생을 마음 속에 간직하고 산다.

노먼의 아내 제시와 그녀의 오빠 관계에서도 애틋함, 염려, 안타까움 등이 나타난다.

형제애와 부자 간의 관계를 통해서 하나님의 창조질서를 볼 수 있다.

인생은 마치 흐르는 강물과도 같다. 우리는 그 강에서 낚시질하는 낚시꾼이다. 인생의 수채화와 같은 흐르는 강물처럼 초반부와 종반부에 등장하는 노먼과 폴의 어린 시절을 흑백화면으로 처리한다. 바로 시와 같은 감동을 준다.

1993년 아카데미 3개 부문 노미네이트, 1993년 아카데미 최우수 촬영상을 수상했다. 쉼과 느림의 속도로 진정한 삶에 대한 철학을 담은 영화이다. 우리는 흐르는 강물에서 쉼과 영성을 배울 수 있다.

20세기를 대표하는 북유럽의 영화철학자

잉그마르 베르히만 감독 특별전

Autumn Sonata

가을 소나타

'가을 소나타'

허름한
시골집에

시리도록
웅어리 토하며

눈물겨운
상흔들이
벗겨지도록

시들어가는
영혼이
울부짖도록

서걱거리는
운명이
서글프도록.

웅장한 스케일 • 치밀한 철학정신 • 완벽한 감동!

누구를 향한 기도인가! 누구를 위한 사랑인가!

금단의 사랑

STEALING HEAVEN

• 주연/데릭 드린트·킴 톤슨 • 감독/클리브 도어 도너

COLUMBIA TRISTAR HOME VIDEO

'금단의 사랑'

어둠 속에서
그리움으로
몸부림치면서

애절한 추억
한 입 베어

가슴에
묻어 두다가

외로움에 허덕이는
허전한 세월

찬란한 몸짓으로
슬픔 얼싸안고

영원히
꽃불 되어 춤추리.

17살의 설레임... 24살의 아픈기억...
그리고 마지막까지도...
그녀와의 약속을 지키고 싶습니다!
a Promise for the Great Love
THE
NOTEBOOK
노트북
DVD VIDEO
15

'노트북'

갈대 흔들리는
노을 진 강가로
추억이 흘러가네

두근거리는 가슴으로
포갰던 포근한 시간들이
슬픔으로 흘러가네

보타진 가슴과
설레임과 아픈 기억이
뒤범벅되어 흘러가네

애틋한 그리움들이
하나 되어 사랑의
깊은 잠 속으로 흘러가네.

호암아트홀 선정 '97최우수 가족 영화!

호암아트홀개봉대작

프랑스 사상 최다 관객 동원, 6백30만명 돌파의 메가 히트작!

마르셀의 여름

La GLOIRE de mon PERE

우리들의 특별한 여행은 시작됐다!

'마르셀의 여름'

촘촘한 숲 그늘 어룽대면서
계곡이 웅성거린다

머뭇거리는 시간
서툰 몸짓이 되어

야윈 가슴을 매만지며
후들후들 떨림으로
속살을 꿰뚫고 들어온다

이제 난간에 걸터앉아
아린 추억의
긴 그림자를 뒤적이면서

가장 깊숙한
우주로

심장을 출렁거리게 하는
당신.

클린트 이스트우드
메릴 스트립
매디슨 카운티의 다리
4일간의 예정된 사랑!
"클린트 이스트우드와 메릴 스트립, 그들이 만든 사랑은... 매직!"
– Owen Gleiberman, ENTERTAINMENT WEEKLY
"★★★★ 격조높은 클래식 로맨스!"
– Dave Kehr, New York Daily News
– The New York Times
– SISKEL & EBERT
서울극장 개봉작
CLINT EASTWOOD MERYL STREEP
THE BRIDGES OF MADISON COUNTY

'메디슨 카운티의 다리'

막막해지는 시간을
환하게 비추는 빛이
다독거린다

촉촉한 두근거림이
어느새 중심에 앉아

설레는 외로움 어루만져
숨결을 거칠게 한다

허우적거리는
애절한 눈길로
빗방울 바라보면서

나흘간의 정지해 버린
꽃시간을 눈물에 담아

영혼의 추억만으로
걷는다.

Paramount
"주여.
저를 평화의
도구로 써주소서!"
부호의 아들로 태어나
세속의 고난을 짊어진 빈민들의 아버지
'성 프란체스코'의 일대기!
브라더 썬
씨스터 문
청소년관람추천
파라마운트 영화사 제공 프란코 제피렐리 필름
"BROTHER SUN. SISTER MOON" 출연 그레이엄 포크너, 주디 부커, 알렉 거인즈
감독 프란코 제피렐리 원작, 각색 수쏘 체키 드아미코, 케네스 로스, 리나 베르트뮬러 프란코 제프렐리 작사, 곡, 노래 도노반 편곡, 지휘 켄 쏜
촬영 엔니오 가니어, A.I.C. 편집 레지날드 밀즈 제작 루치아노 페루가
이태리-영국 합작 파라마운트영화사 배급
ⓒ 1972 Euro International Films S.P.A.

'브라더 선 시스터 문'

을씨년스런 새벽에
끝없이 솟아나는
환희의 외침이라오

누덕누덕 기운 옷으로
헐어빠진 신으로도
한없이 벅찬 가슴이라오

꽃과 새와 이리를
형제 자매라고 부르는
고운 노을이라오.

하늘 닮아 가려고
육신의 장막을 허용해 달라는
부르짖음이라오

깊숙한 영혼의 울림과 떨림으로
만지는 따스한 가슴이라오

새처럼 지저귀는 찬양으로
하늘 높이 훨훨 날아가는
맑고 깨끗한 샘물이라오.

92아카데미 7개부문 노미네이트!!
1992 골든글로브 최우수 남우주연상 〈닉 놀티〉 수상!!!
COLUMBIA TRISTAR
HOME VIDEO
잔혹한 추억 격정의 사랑!
밝힐 수 없는 은밀한 과거를
당신께 바칩니다.
국내개봉 대작
BARBRA STREISAND · NICK NOLTE
사랑과 추억
THE PRINCE OF TIDES
Columbia Pictures

‘사랑과 추억’

쏟아내지 못한
얼룩진 아픔들이
벌꺽거린다

앓아 드리워져 있는
곳에
따스한 마중물 부어

속앓이가 꾹 엎드려진
상한 마음을 펌프질로
꾸꺽꾸꺽

뒤틀린 상흔들을
흔들어 깨워
하얀 샘물로
쓴 뿌리 헹구며
꾸꺽꾸꺽.

'97아카데미 남우주연상 수상!
Shine
호암아트홀 개봉 흥행대작
샤인
중학생이상 관람가

'샤인'

윽박지르는
세월이
마음을 찢는다

쓰리고 아린
상흔이
치밀어올라

피멍 든
알몸

범벅이 된
속울음
삭이다가

겹겹 서러움을
환상의 선율로
꿰매고 있다.

제66회 아카데미 최우수여우주연상, 각본상 노미네이트!
지상에서 가장 슬픈 러브스토리!!
'93 TIME誌 선정 최고의 영화, '94 박스오피스흥행 TOP TEN!
사관과 신사〉
데브라 윙거
〈양들의 침묵〉
안소니 홉킨스
섀도우 랜드
서울극장 개봉작
SHADOWLANDS
드림박스
HOME VIDEO

'섀도우 랜드'

시퍼런 슬픔이
다가와
입을 맞춘다

아린 가슴
열어
다독거리면서

접어둔
추억의 꽃잎
꺼내면서

가슴에 묻어둔
상처가
꽃향기 젖어 울 때까지.

DOLBY DIGITAL
DVD VIDEO

NUOVO CINEMA Paradiso
신 시네마천국

Un film scritto e diretto da
GIUSEPPE TORNATORE

PHILIPPE NOIRET
SALVATORE CASCIO
MARCO LEONARDI
JAQUE PERRIN
LEOPOLDO TRIESTE
PUPELLA MAGGIO
BRIGITTE FOSSEY

Soggetto e Sceneggiatura
GIUSEPPE TORNATORE

Prodotto da
FRANCO CRISTALDI

Fotografia
BLASCO GIURATO

Scene
ANDREA CRISANTI

Montaggio
MARIO MORRA

Musiche
ENNIO MORRICONE

제62회 아카데미 최우수외국영화상 수상!
제42회 깐느 심사위원 특별대상 수상!
제47회 골든글로브 최우수외국영화상 수상!

전체 관람가

'시네마 천국'

서성거리는 꿈을
자전거에 태워

호젓한 추억의 시간을
돌린다

터질 것 같은 외로움
입술에 포갤 때마다

살포시
떠오르는 상혼을
눈시울에 담는다.

THORN EMI
아카데미 8개부문 수상작!
●최우수 작품상
●최우수 감독상
●최우수 주연남우상
●최우수 각본상
●최우수 미술상
●최우수 의상상
●최우수 분장상
●최우수 음향상
아마데우스
AMADEUS
감독 : 밀러스 포먼
주연 : F.메레이 에이브라함. 톰헐츠
연소자관람가

'아마데우스'

황홀한 선율이
출렁거리는 시간

단속하지 못한
얇은 가슴에

칼바람이
드나드네

서릿발이
스멀스멀

비뚤린 마음
야금야금

갉아먹는
강 시샘.

98년 아카데미 남우 주연상
잭 니콜슨
98년 아카데미 여우 주연상
헬렌 헌트
사랑에 대한 가장 큰 찬사!
이보다 더 좋을순 없다
AS GOOD AS IT GETS
명보극장 개봉대작
COLUMBIA TRISTAR HOME VIDEO
「제리 맥과이어」의 제임스 L. 브룩스 감독
TRI STAR

'이보다 더 좋을 순 없다'

깡마른 마음을
비꼬는 세월이
조각한다

시린 외로움과
짜릿한 욕구를
버무려서

초록으로 물들여
설렘으로
촉촉이

낫낫한
알몸으로
덧칠하며.

조제, 호랑이 그리고 물고기들
ジョゼと虎と魚たち
2DISC
DVD VIDEO

'조제, 호랑이 그리고 물고기들'

아리던 가슴
유모차에 싣고
언덕길 산책하다

바스라질 듯한
영혼의 허기 채워 줄
외로움을 토닥거려

녹슬어 막혀 있던
눈물샘 촉촉이

그리움 적시며
슬픔의 찌꺼기까지 씻어

곤히 잠들어 구겨진
심장을 흔들어 깨운다.

TOUCHSTONE
HOME VIDEO
로 빈 · 윌 리 암 스
"죽은 시인의 사회"
때를 잡아라! 인생을 색다르게 살아라!
상
DEAD
POETS
SOCIETY
1990년 아카데미 최우수 각본상 수상!
1990년 영국 아카데미 최우수 작품상, 음악상 수상!!

'죽은 시인의 사회'

사고친 가슴으로
사랑의 블랙홀에서
곶감을 말리며

소중한 사랑으로 다가오는
그대가 바로
무지개 학교 키팅 선생님

소낙비 오는 정오가
갇힘의 비밀 속에서
둥지 높은 그리움으로

자그마한 숲의 사랑 이야기
그대가 바로
거기

쪼글쪼글하게 말라서
뒤틀린 교실에
쌩쌩한 길트기 되어

그대 향한 설레임이
동심이 흐르는 강에서
바람으로 시간을 털어내고

느낌표가 머무는 공간에서
지푸라기처럼 다가간
나 찾기여
케노시스여

그대가 바로
자유人, 사랑人.

WINNER-GRAND PRIX SILVER BEAR
BERLIN FILM FESTIVAL 2000
「와호장룡」「무사」의
장지이
이 길을 따라가면...
당신과 만날 수 있을까요?
집으로 가는 길
The Road Home
장이모 감독작품
12세
이용가
COLUMBIA PICTURES
COLUMBIA TRISTAR
HOME VIDEO

‘집으로 가는 길’

수줍은 꽃
자드락길에서

간들바람에
간들간들

얼굴 붉힌 채
칠흑밤 더듬어

엇구수한 시간을
하얗게 펼쳐 놓고

보일 듯
잡힐 듯

긴긴 밤
속앓이로 시달리며

벙어리 냉가슴
가쁘게 헹군다.

Audience Award, 1999 São Paulo International Film Festival
WINNER, GOLDEN LION FOR BEST PICTURE
1999 VENICE INTERNATIONAL FILM FESTIVAL
NOT ONE LESS
책상서랍 속의 동화
「붉은 수수밭」「국두」「홍등」「귀주 이야기」「인생」의 장이모 감독작품
전체

'책상 서랍 속의 동화'

누런 코 훌쩍훌쩍
손등으로 쓰윽

재잘거리는 시간들을
사랑의 분필로 조각하여
하얀 가슴에 담아둔다

타 버린 생각 껍질이
온몸으로 길에 누워
멀미를 한다

신발에 달라붙은
부서진 세월의 기억을 모아
흩어진 영혼을 찾으며.

BLACK HOUSE
BLACK HOUSE
千里走單騎
Riding Alone for Thousands of Miles
SOMETIMES YOU HAVE TO TRAVEL FAR
TO FIND THE WAY HOME.
DVD
VIDEO

‘천리주단기(탕자의 귀환)’

무릎 꿇어
야윈 생각 시린 목소리로
허리춤의 꺼드럭거린 세월
다 내려놓네

맏형의
핏발 선 눈초리는
출렁거리고
생각 조각들이
일그러져
궁시렁거리네

아비는
하얀 밤 친친 동여맨
아린 기다림을
가는 눈 촉촉이 적셔

굽은 허리로
까칠하고 얇은 손으로
다독거리네.

전세계가 주목한 감동의 1500일

세상의 끝에서 그의 여행이 시작된다!

2001년 골든글로브 남우주연상의

톰 행크스

캐스트 어웨이 CAST AWAY

거대한 스케일의 감동이 밀려온다!

상

서울극장 개봉작

12세 이용가

'캐스트 어웨이'

무인도에서
부서진 시간을
만지작거리며

그리움에 사무치고
외로움에 한 맺혀

시린 가슴
저린 멍울
메밀꽃에 얼기설기

망사 달린
파티용 여자 옷까지
섞어

잔칫상 차리다가
이제
홀로 여위어가는
세월 붙잡기 위해

출렁이는 영혼 그득
갈매기에 띄워
끼루 끼이루.

한국교회는 대체적으로 보수적인 교단들이 많고 교회도 보수적 성향의 교회가 주류를 이루고 있다. 물론 '보수'라는 개념이 갖고 있는 복음의 진정성을 논한다면 교회 안에서 주님을 향해 간절히 기도하는 것도, 혹은 사회 갈등의 현장에서 목이 터져라 공의를 외치는 것도 보수이다. 장헌권 목사는 그런 의미에서 보수이다. 서정교회를 방문하여 그를 만나고 돌아오는 내내 그리고 이 마무리 글을 쓰는 지금까지 귓가에 울리는 소리가 있다. 교회가 성장하여 이전을 하기로 하고, 새로 건축하는 지역을 물색하며 후보지를 찾던 장 목사의 음성이었다. "광주에서 가장 소외되고 상처받은 곳이었습니다."

고등학교 시절 키에르케고르의 사상에 감동을 받고 신학을 하기로 결심하셨다는 이야기를 들었습니다.

고등학교 시절에는 키에르케고르의 사상을 잘 이해하지 못했습니다. 다만 그분의 삶과 생활이 마음 깊이 와 닿았습니다. 우수의 철학자로 자기 자신에 대해 절망도 하고, 또 교회에 대해 남다른 사랑을 가지고 있는 것이 저와 비슷하다는 생각을 했습니다. 실존주의 철학자로만 알고 있던 제가 신앙에 대해 깊이 고민하고, 교회가 타락하고 있는 모습을 보면서 큰 염려를 가지고 있던 마음들을 《키에르케고르의 생애와 사상》이라는 책을 통해 알게 되면서 큰 도전을 받았습니다. 하지만 직접적인 이유라고 보긴 어렵습니다.

저는 키에르케고르의 《사랑의 역사》를 보고 깊은 감명을 받았습니다. 당시 국교에 대항했던 사건이나 <순간>이라고 하는 잡지를 만들 때의 사건 등이 한국적 상황에 주는 메시지가 상당하다고 생각했습니다. 그런데 사실 신학적 관점에서 키에르케고르를 이해하고 있는 사람들은 극소수에 불과합니다. 그래서 키에르케고르를 통해서 신학을 하게 되셨다는 것이 몹시 반가웠습니다. 그렇다면 목사님께서 목회를 하시게 된 결정적 요인은 무엇이었습니까?

저는 78학번인데 당시 유신정권 말기쯤이었습니다. 고등학교 2, 3학년쯤에 여러 대학에서 교수님들이 해직을 당해 광주에 많이 오셨습니다. 대표적으로 한완상, 안병무, 함석헌 선생님 같은 분들이지요. 그분들이 광주에 오셨을 때 그분들의 강의를 듣고 이 시대에서 뭔가 의미 있게 살아야겠다는 생각을 하게 되었습니다. 당시 입시준비를 할 때였습니다. 고등학생으로서 현실 참여를 할 수는 없었지만 삶의 방향성은 그때 정해진 것 같습니다. 그리고 신학을 해야겠다는 강한 생각이 들게 된 것은 본회퍼(Dietrich Bonhoeffer) 목사님을 통해서였습니다. 물론 키에르케고르 역시 신학자의 한 사람으로 영성이 남다르지만 허혁 교수님이 번역하신 본회퍼 목사님의 《나를 따르라》를 보면서 신학을 공부해야겠다고 생각했습니다. 목회자가 되어서 단순하게 교회 안에 머무는 것은 신앙적 양심에 걸리는 일이며 때문에 행동하는 양심, 행동하는 신학자로 살아야겠다는 마음의 결정을 하도록 만든 것이 바로 본회퍼 목사님이었다고 할 수 있겠지요. 그 시절 키에르케고르나 본회퍼 목사님의 삶을 통해 목사의 길이 참으로 멋지다고 생각했습니다.

제가 장신대 면접을 볼 때 구약학 교수님이 면접을 하시는데 그때 본회퍼 목사에 대한 이야기를 했더니 그 교수님은 본회퍼 목사에 대해 안 좋은 생각을 가지고 계셨습니다. 어떻게 목사로서 히틀러 암살에 대한 음모를 꾸밀 수 있느냐는 것이었지요. 제가 예를 들어, 운전기사가 승객들을 다 죽이게 생겼는데 모든 사고 후에 유족을 위로하는 일들을 하는 것이 교회인지에 대해 이야기했다가 현장에서 곤욕을 치렀습니다. 고등학교 때부터 지금까지 제3세계 신학이나 흑인, 여성, 소외지역, 비주류에 대한 관심을 갖게 되면서 인권문제에 대해 관심을 갖게 되었는데, 그것 역시 신학을 하게 된 동기가 아니었을까 생각합니다.

주로 어떻게 목회를 해오셨는지 궁금합니다.

학교를 다니면서 장성이라고 하는 농촌에서 전도사로 사역을 시작했습니다. 그곳에서 목사 안수를 받고 1984년부터 1993년까지 12년간 사역을 했습니다. 그곳에서는 한마음공동체라는 조직을 만들어 농민운동을 했습니다. 당시 우루과이라운드가 체결되면서 농민들의 생존권이 위협당하고 있는 상태였습니다. 농민을 섬기는 목회자로서 그냥 있을 수가 없었습니다. 농민들에게는 당장 해결되어야 하는 문제이기에 그들의 삶을 보듬어야겠다는 생각에 함께 투쟁을 했습니다. 그런데 동네분들은 좋아하는데, 교회분들이 별로 좋아하지 않았지요.

무엇이 목사님으로 하여금 그런 일들을 감당하도록 만들었습니까?

저는 성격이 내성적이라 앞에서 진두지휘하는 성격은 아닙니다. 그러나 보이지 않는 힘이 제가 신앙생활을 하면서 현실 참여나 사회운동을 하도록 만들지 않았나 생각합니다. 본래 내성적이고 소심한 성격이지만 불의를 목격하거나 약자가 소외당하고 있는 현장을 보면 마음속에서 꿈틀거리는 것들이 있습니다. 광주에서 5 · 18 사건을 겪으면서 마음속에 야성이 잠재된 것은 아닌가 하는 생각도 합니다. 학교에 다니면서는 아모스서를 필사하고 그 주석서를 보면서 은혜를 많이 받았습니다. 공의와 하나님의 의를 위해서 보이지 않는 힘을 사용하시는 것이 아닐까요. 진리가 저를 견디지 못하게 하는 것이겠지요. 저는 그 힘을 외면할 수 없는 것이고요.

그럼 목회하고 계신 서정교회에 대해 듣고 싶습니다.

원래 교회는 쌍촌동이라는 곳에 있었습니다. 전임자 목사님께서 사역을 하시다 사임을 하시고, 제가 1993년도에 광주로 오게 되었습니다. 지하에서 예배를 드리다가 1997년도에 지금의 자리로 교회를 건축하고 이전하게 되었습니다. 이곳에 교회를 세운 이유는 이곳 바로 옆에 공군부대가 있어서였습니다. 지금은 없지만 당시에는 이곳에 미군이 주둔해 있었습니다. 그러다 보니 소위 '양공주', '양색시'라고 하는 직업을 가진 여성들이 모여 촌락을 이루고 있었습니다. 제 생각에 이 지역이 광주에서 가장 소외되고 상처받은 곳이었습니다. 미군들에 의해 짓밟히는 일이 흔히 있었기 때문에 이곳이야말로 하나님의 사랑으로 치유와 회복이 있어야 하는 곳이라고 생각해서 이곳에 교회를 세우게 되었습니다.

요즘 세대는 신도시에 종교부지를 받아 터를 잡고, 조금 더 좋은 곳으로 가려고 안간힘을 쓰는 것이 예삿일인데, 그런 결단을 할 수 있었다는 것 자체가 대단한 일인 것 같습니다. 갈등은 없으셨는지요? 교인들의 반대도 만만치 않았을 것 같습니다.

저는 더 낮은 곳을 향하여 가야 하는 것이 교회라고 생각했습니다. 그런데 저의 소신과 교인들의 생각이 같지는 않았습니다. 하지만 저의 목회철학으로 설득했고, 결국 교인들도 하나 됨을 보여 주었습니다. 교회 건물이 주님의 몸이 아니고, 그것이 우리의 삶의 현장이고 또한 설교가 되어야 하는 것이 우리가 갖추어야 할 모습 아니겠습니까.

목사님이 가지고 계신 목회적 멘탈리티를 공유할 수 있는 성도들이 있습니까?

소수가 있습니다. 당시 그 뜻에 찬성하지 않은 분들과 많은 갈등과 부딪힘을 겪기도 했지만 자연스럽게 정리가 되었습니다.

그렇다면 이곳으로 오신 후 어떤 사회운동을 하셨습니까?

이곳에 와서 가장 먼저 당면한 문제는 미군이 오산, 평택, 광주에 미사일 기지를 만든 것이었습니다. 당시 주민들과 미사일을 설치하기 전에 교회를 중심으로 미사일 설치 반대운동을 했습니다. 그런데 처음에 주민들은 오랜 경기침체로 인해 미사일 설치를 환영하는 분위기였습니다. 정부와 미군부대에서 교묘하게 미사일이 설치되면 경기가 활성화될 것이라고 선전했던 것입니다. 그런데 제가 반대를 하니 빨갱이 목사라면서 주민들이 교회로 몰려와 항의를 했습니다. 하지만 '취업 알선을 해주겠다', '경기가 살아날 것이다' 라는 것은 정부와 미군의 거짓말이라는 사실을 머지않아 주민들도 깨닫게 되었습니다. 이후 주민들과 교회가 연합하여 매주 금요일에 빠지지 않고 미사일 기지 앞으로 찾아가 3년 정도 시위를 했습니다. 결국 3년 후에 미군과 패트리어트 미사일이 철수했습니다. 그러고 머지않아 도청에서 광주가 평화통일운동의 중심지고, 아시아 문화의 중심지라고 선전을 하면서 구 도청에 전당을 세운다는 소문이 나기 시작했습니다. 그런데 괜한 소문이 아니었습니다. 실제 설계도면이 나오고 일을 추진해 가기 시작했습니다. 구 도청은 광주 5월 항쟁의 상징적 의미가 있는 사적지인데 그것을 보존하지 않고 철거하겠다고 나선 것입니다. 그래서 그것을 지켜야 한다는 운동을 시작했지요. 현재 광주시민의 합의를 거쳐 문화관광부에 계획을 철회할 것을 요구했는데 아직 대치 중에 있습니다.

이미 광주지역에서는 사회운동가로 일하고 계신 것으로 알고 있습니다.

광주는 민주당의 정치색이 강해 민주당에 막대기만 꽂아도 당선된다는 우스갯소리가 있습니다. 그로 인해 나오는 정치적 폐해도 많습니다. 때문에 정치인들이 건강한 정치를 할 수 있도록 하기 위해 진보연대와 함께 일을 하고 있습니다. 광주가 인권, 평화, 생명, 문화라는 담론을 가지고 그러한 것들을 표방하고 있기는 하지만 비인권적이고, 관료적이고, 반문화적인 면들 역시 많이 가지고 있습니다. 노동자 탄압도 많습니다. 그래서 기독교뿐만 아니라 신부님들이나 스님들과도 연대하여 약자의 목소리를 대변할 수 있도록 노력하고 있습니다. 때로 주위에서 너무 현실에 관여하는 것이 아닌가 하는 우려의 목소리도 듣고 있습니다만 한 시대의 목회자로서 그들에게 어떻게 대답해야 하는가에 대해서는 흔들리지 않을 것입니다.

혹여 교단 안에서 비판적 목소리는 없으신지요?

주님께서 비둘기같이 순결하고 뱀같이 지혜로우라고 하지 않으셨습니까. 그 말씀처럼 저도 유연하게, 보이지 않는 가운데 할 수 있는 역할을 하기 때문에 부딪힘은 없습니다.

한국교회를 생각하신다면

저는 교회가 치유와 회복, 영성의 공동체가 되어야 한다고 생각합니다. 교회 현관에도 렘브란트의 〈탕자의 귀환〉이라는 그림이 걸려 있지만 교회에 다니면서도 우리는 탕자의 모습, 혹은 큰아들의 모습을 가지고 있습니다. 양극화되고 있는 경제, 빈부격차, 환경문제 역시 하나님께 있어서는 탕자가 아닐까 생각해 봅니다. 이 세상의 모든 구조 자체가 사실 탕자인 것이지요. 저는 그것이 다시 회복되고 아버지의 품으로 돌아오게 하는 것이 목회자에게 그리고 이 시대의 교회에게 맡겨진 사역이라고 생각합니다. 그 일들을 교회가 외면하지 않았으면 좋겠습니다.

대담에 응해 주셔서 감사합니다.

(월간 〈프리칭〉 발행인 임태현 목사와 대담. 2011년 3월)

책을 통해 몸과 마음의 폭을 넓힌다

"교회는 주유소 역할을 감당해야 한다."

"서점에서 신간을 구입하기도 하지만 기회가 되는 대로 헌책방에서 오래된 책들을 구입해서 읽는 경우가 많다"며 틈틈이 시간이 날 때마다 책을 읽는다는 장헌권 목사.

장 목사는 목회자이기에 다독을 해야 한다는 생각에 가급적 손에서 책을 놓지 않는다. 특히 소중하게 여기는 책은 항상 곁에 두고 자주 살펴보고 있다. "책은 단순한 지식과 정보 습득의 수준이 아니다. 몸과 마음의 폭을 넓혀 주며, 삶의 철학이 되는 것이 책이다"라고 강조하는 그는 "성경은 우리 삶의 교과서와 같은 것이라면 일반 서적은 목회에 필요한 부수적인 것들을 활용하는 좋은 도구이다"라고 말했다.

초교파적으로 한 달에 한 번 10여 명의 목회자들이 모여 독서 토론회를 갖고 있는 장헌권 목사는 기독교 고전을 비롯한 일반 서적과 함께 영화 상영 등을 통해 목회에 필요한 다양한 정보들을 수집하기도 한다.

"모든 책과 영화에서 하나님의 섭리를 발견한다. 책이나 영화 속에는 다른 사람들의 삶과 애환이 담겨 있고 다양한 세계를 볼 수 있다. 이런 다양한 세계를 찾아보고 이를 해결할 수 있는 방법을 성경을 통해 알아봄으로 목회에 많은 도움을 받고 있다"고 말하는 장 목사는 "책이나 영화 자체만으로 내적인 치유를 할 수는 없지만 마중물은 될 수 있다"고 덧붙였다. "일부 목회자들은 영화를 배척하거나 경계하기도 하지만 문화 역시 하나님께서 주신 선물이기에 거부할 필요는 없다고 본다"고 말한다. 또한 "좋은 책이나 영화는 사람들의 마음을 헤아릴 수 있는 좋은 도구가 되기도 한다"고 강조했다.

광주 기독교교회협의회(NCC) 인권위원회 위원장이기도 한 장헌권 목사는 세상의 빛과 소금 역할을 감당하기 위해 많은 사회활동에 주력하고 있다. "교회의 사역은 두 가지로 나누어 볼 수 있다. 교회에서 행하는 설교와 성만찬, 심방, 양육 등은 오는 구조를 가진 한 가지이며, 세상에 나가 사회활동을 통해 예언자적인 역할을 감당해 정의와 평화, 인권을 위해 활동하는 것은 가는 구조를 지닌 또 하나의 교회의 역할이다"라고 말하는 장 목사는 행동하는 양심과 신앙인이 되기 위해 많은 노력을 기울이고 있다. 이를 위해 장헌권 목사는 '전남 도청 별관 철거 반대 시민위원회', '광주 비행장 미군 패트리어트 미사일 부대 배치 반대 대책위원회', '한미 FTA 협상 중단 광주 · 전남운동본부', '광주 국제영화제 이사' 등 다양한 사회활동을 통해 세상의 빛과 소금 역할을 감당하고 있다.

"교회는 잠시 머물러 충전한 뒤 떠나가는 주유소의 역할을 감당해야지 항상 머물러 있는 주차장이 되어서는 안 된다"고 피력하는 장 목사는 "교회에서 받은 영적인 에너지를 세상에 나가 널리 알리는 일을 교회가 충실히 감당해야 한다"고 힘주어 말했다.

(아름다운 신문 〈기독 타임스〉 '인물'에 소개된 글)

장헌권 목사의 《영화 치유 이야기》 – 영화를 통해 영혼을 치유할 수 있다

"영화는 이 시대의 새로운 문학이다. 삶의 진솔한 이야기를 담백하게 담아내는 소통의 장이다. 영화의 영향력은 크다. 바로 영화를 통해서 얻을 수 있는 가능성과 도전을 볼 수 있다"고 저자 장헌권 목사는 말한다.

요즘 무슨 테라피, 즉 치료요법을 많이 말한다. 독서치료, 춤치료, 미술치료, 이야기치료, 음악치료, 원예치료 등 다양하다.

영화치료의 선구자인 게리 솔로몬은 "영화를 통해 사람들은 자기 치료의 도구를 얻는다"라고 말한다. 바로 시네마 테라피의 비슷한 용어로 필름 테라피, 무비 테라피 등으로 사용한다. 영화치료는 '내담자가 자신의 감정적, 정신적 상태를 다루고 도움을 받도록 치료자의 감독하에 특정한 영화를 봄으로써 마음을 치료하는 것(mind therapy)으로 정의한다. 물론 장헌권 목사의 《영화 치유 이야기》는 전문적인 영화치유 책은 아니다. 단순히 영화를 보면서 그 영화 안에서 얼룩진 검은 그림자의 상처를 보게 된다. 사실 영화 에세이나 영화기행 정도다. 하지만 영화 속에 이야기가 담겨 있고, 그 이야기를 개인의 자기 분석과 진단, 성장, 증상치료 과정에서 도움이 되도록 활용하는 것이다.

켄 가이어의 《영화묵상》에 나오는 "가장 뜻밖의 장소에서 듣는 하나님의 음성"이란 말처럼 영화를 통해서 주님의 세미한 소리도 들을 수 있다. 영혼을 살리는 도구가 될 수 있다는 것이다. 영혼에 놓는 주사와 같은 것이다.

영화는 이 시대의 새로운 문학이라고 해도 틀린 말이 아닌 듯싶다. 단순히 일상의 재미를 추구하는 오락 기능을 넘어 삶의 이야기를 담아내는 소중한 소통의 장이다. 뿐만 아니라 의미를 만들어내는 자리이기도 하다. 그만큼 영화는 강력한 힘을 가지고 있다. 바로 영화를 통한 인간의 마음치유에 대한 관심이 늘어가고 있는 현실이다. 물론 영화가 전부는 아니다. 하나의 수단과 방법일 뿐이다. 가볍게 진실을 다루는 영화의 힘을 장헌권 목사의《영화 치유 이야기》를 통해서 확인할 수 있다.

마음 아픈 사람이 자기 치유의 여정을 걷는 것은 쉬운 일이 아니다. 절박함이나 내면의 힘이 없는 사람들은 엄두조차 내기 힘든 과정일 수도 있다. 그런데 영화는 재미있고(물론 그렇지 않은 것도 있다) 인간의 현실을 비춰준다. 인간의 내면을 만져 줄 수 있는 마중물 같은 것이다. 마른 펌프에 마중물 한 바가지를 붓고 계속 펌프질을 하면 저 밑에 있는 샘물이 솟아오른다. 우리의 내면 깊은 곳에 고여 있는 샘물을 끌어올리는 것이다.

영화를 통해서 상처와 얼룩진 아픔을 끌어올려 치유와 회복으로 영혼을 소생하게 한다. 누구나 앓고 있는 상처받은 영혼에게 스크린 빛을 투사하면서 마음의 어두운 그림자를 보게 한다. 감추어진 속살을 드러내어 상한 감정을 치유할 수 있는 하나의 도구로 영화를 활용할 수 있다. 바로《영화 치유 이야기》는 영화를 보는 관점을 치유라는 측면으로 보고 있다.

늘 불안과 긴장으로 나타나는 강박증 질환을 앓고 있는 주인공 유달(척 니콜슨)이 나오는 〈이보다 더 좋을 순 없다〉라는 영화를 감상하면서 자신에게는 그런 강박증 증세가 없는가를 살펴보면서 영화에서 사랑으로 치유되는 것처럼 현실에 적용해 볼 수 있는 소재가 된다.

우울증, 중독, 질투, 중년의 위기, 성폭력, 정신분열, 자녀양육권 등 상처와 아픔으로 고통하는 모습들을 스크린으로 조명할 수 있는 영화치유를 권한다.

(아름다운 신문 〈기독 타임스〉 '인물' 에 소개된 글)

Cinema Collection 《영화 치유 이야기》에 실린 영화들

- 사이먼 버치
- 섀도우 랜드
- 희랍인 조르바
- 천국의 아이들
- 불의 전차
- 기도
- 데드 맨 워킹
- 마음의 고향
- 나의 왼발
- 샤인
- 브라더 선 시스터 문
- 굿 윌 헌팅
- 이보다 더 좋을 순 없다
- 패치 아담스
- 제8요일
- 마르셀의 여름
- 마르셀의 추억
- 죽은 시인의 사회
- 집으로
- 책상 서랍 속의 동화
- 우리 시대의 진리의 증인
- 지저스 크라이스트 슈퍼스타
- 사람의 아들
- 스모크
- 바라바
- 꽃잎
- 부활의 노래
- 닥터
- 오아시스
- 보통 사람들
- 아이 엠 샘
- 내겐 너무 가벼운 그녀
- 꿈의 구장
- 사랑과 추억
- 아름다운 세상을 위하여
- 아마데우스
- 뷰티풀 마인드
- 레인맨
- 헨리의 이야기
- 밀리언 달러 베이비
- 노트북
- 코러스
- 말아톤
- 레이
- 댄서의 순정
- 터미널
- 캐스트 어웨이
- 거북이도 난다

- 맨발의 기봉이
- 초승달과 밤배
- 천국의 아이들 2
- 내 머리 속의 지우개
- 메디슨 카운티의 다리
- 빈집
- 수취인불명
- 굿나잇, 앤 굿럭
- 길버트 그레이프
- 왕의 남자
- 호로비츠를 위하여
- 꽃 피는 봄이 오면
- 너는 내 운명
- 국화꽃 향기
- 드리머
- 빌리 엘리어트
- 시네마 천국
- 천리주단기
- 우리들의 행복한 시간
- 라디오 스타
- 집으로 가는 길
- 깃
- 크레이머 대 크레이머
- 도마뱀
- 호텔 르완다
- 다빈치 코드
- 가을 소나타
- 사랑
- 카핑 베토벤
- 행복을 찾아서
- 라비앙 로즈
- 행복
- 마이 파더
- 골든 에이지
- 열한 번째 엄마
- 신과 함께 가라
- 강아지똥
- 조제, 호랑이 그리고 물고기들
- 천상의 소녀
- 화려한 휴가
- 어린왕자
- 우리 학교
- 천년학
- 금단의 사랑
- 내일의 기억
- 리틀 러너
- 포도나무를 베어라
- 어거스트 러쉬
- 밀양
- 우리 생애 최고의 순간

시와 영화 이야기
詩가 영화를 만나다

2011년 4월 20일 인쇄
2011년 4월 25일 발행

지은이 | 장헌권
발행인 | 이형규
발행처 | 쿰란출판사

주소 | 서울 종로구 이화동 184-3
TEL | 02-745-1007, 745-1301, 747-1212, 743-1300
영업부 | 02-747-1004, FAX / 02-745-8490
본사평생전화번호 | 0502-756-1004
홈페이지 | http://www.qumran.co.kr
E-mail | qumran@hitel.net
qumran@paran.com
한글인터넷주소 | 쿰란, 쿰란출판사

등록 | 제1~670호(1988.2.27)

책임교열 | 박은아 · 박신영

값 12,000원

ISBN 978-89-6562-108-9 03230